LA MORT

DES

ROIS DE FRANCE

Coulommiers. — Typ. A. MOUSSIN.

LA MORT

DES

ROIS DE FRANCE

DEPUIS FRANÇOIS Ier
JUSQU'A LA RÉVOLUTION FRANÇAISE

Etudes médicales et historiques

PAR

LE Dr A. CORLIEU

PARIS
LIBRAIRIE GERMER BAILLIÈRE
17, RUE DE L'ÉCOLE-DE-MÉDECINE, 17

1873

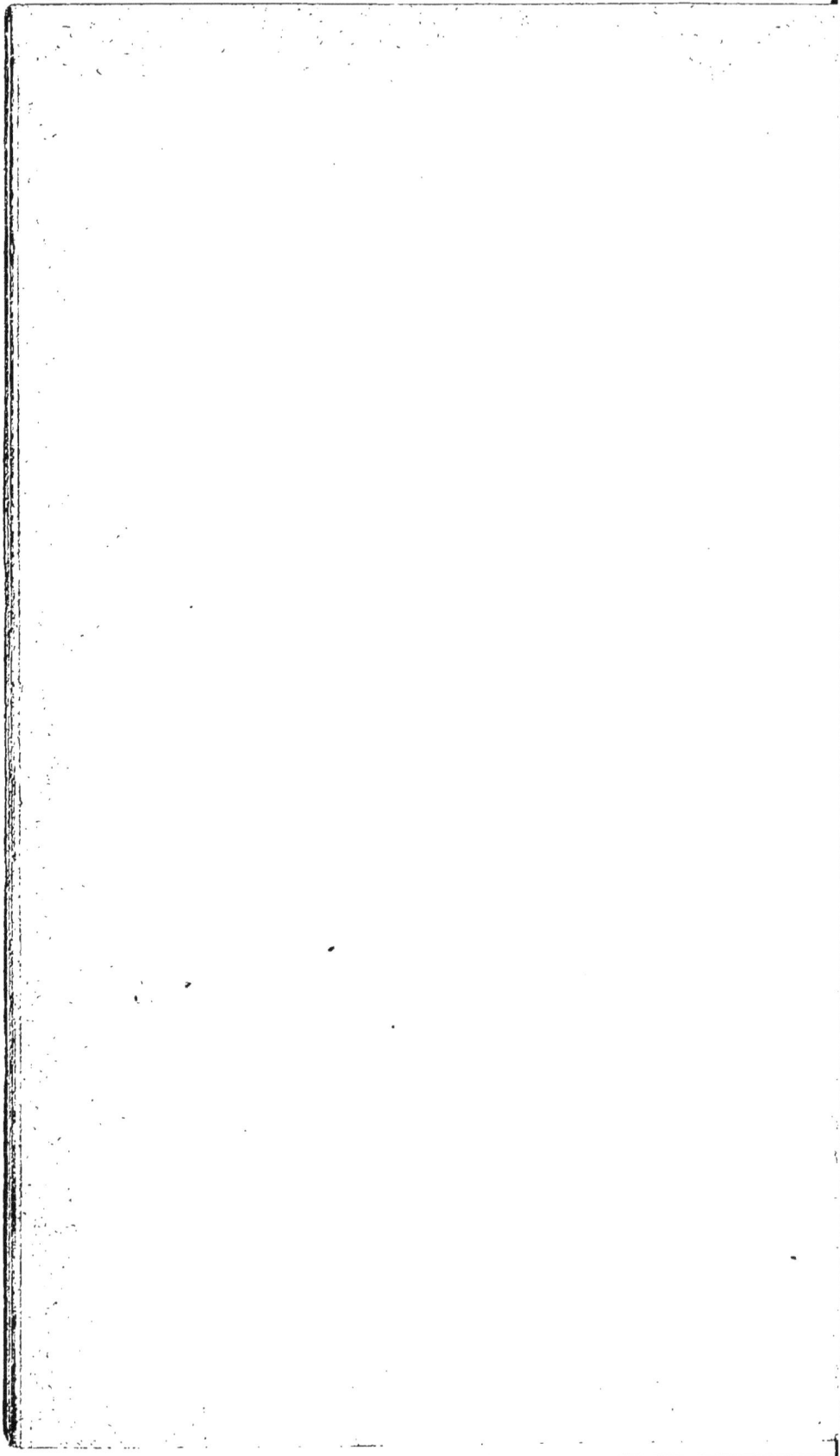

AVANT-PROPOS

L'Histoire est la grande Ecole de l'humanité : malheureusement la fable et la légende ont envahi son domaine.

Dans l'histoire, l'enfant ne cherche que des récits anecdotiques qui frappent son imagination ;

Le guerrier n'y voit que le fait brutal et matériel, — les batailles, les victoires, les conquêtes — qui sont l'*alcoolisme* des nations ;

Le diplomate, le législateur y étudient les causes et les effets des événements grands ou petits : connaissant les unes, ils cherchent à amener ou à prévenir les autres. Ils font, pour ainsi dire, de l'hygiène, de la thérapeutique gouvernementale.

Le médecin y trouve aussi sa part.

Et comme deux Écoles historiques sont aux prises, — l'Ecole légendaire et l'Ecole scientifique, — il peut ainsi mettre au profit de la seconde ce que lui ont appris ses connaissances spéciales.

Ce n'est donc qu'au point de vue exclusivement médical que j'ai étudié ces quelques pages de l'histoire de notre pays.

Dr A. CORLIEU.

28 septembre 1873.

LES VALOIS

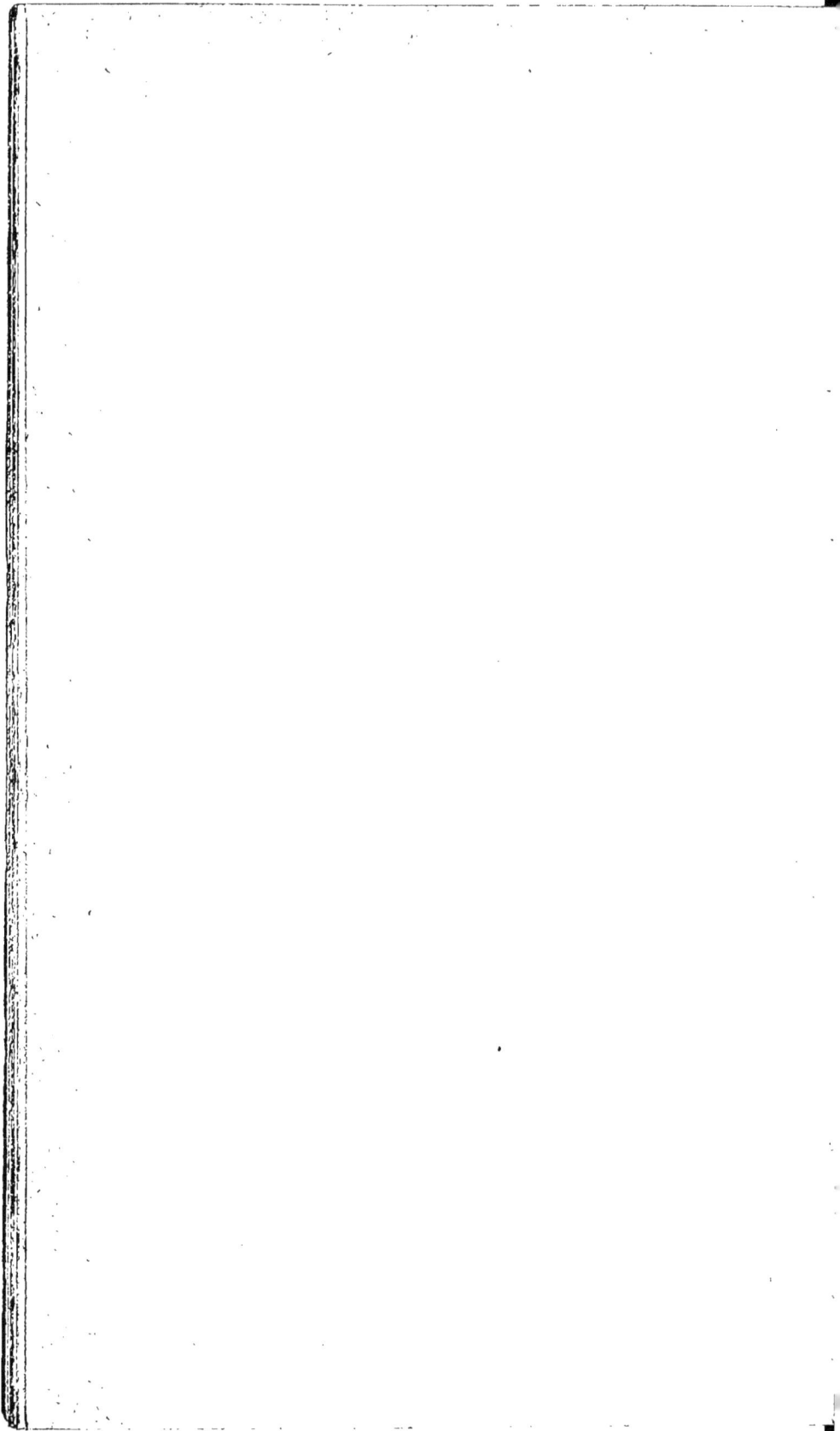

FRANÇOIS Iᴱᴿ

1494-1547

Il y a pour le médecin un côté de l'histoire plein d'intérêt. Quand on voit de notables personnages disparaître presque subitement, on se prend à réfléchir et on se demande la raison de morts si rapides. Le crime et la maladie sont de grands agents politiques qui viennent quelquefois briser des combinaisons bien établies, et l'historien, quoique guidé par les mémoires contemporains, peut bien errer avec une époque où la toxicologie n'était pas née, où l'anatomie pathologique était inconnue.

Sans fouiller l'histoire ancienne et chercher si

Alexandre, Germanicus, Britannicus et tant d'autres sont morts par le poison, le médecin trouve dans l'histoire de notre pays, depuis les trois derniers siècles, des morts qui lui donnent à méditer. Il se demande s'il faut voir dans ces trépas prématurés ou rapides un signe de la vengeance céleste, comme on le pensait pour Philippe-le-Bel et ses successeurs (1), ou bien si le poison ou l'hérédité morbide n'a pas hâté l'œuvre de la mort. Ce serait un sujet bien vaste et bien intéressant à ce point de vue, que l'étude des empoisonnements historiques depuis les temps modernes.

Dubois (d'Amiens) sur la fin de sa carrière se complaisait dans la recherche des morts illustres (2); M. Littré, dans une remarquable étude (3), a réfuté l'opinion qui attribuait au poison la mort foudroyante d'Henriette-Anne d'Angleterre, Duchesse d'Orléans. M. Cullerier de son côté s'est demandé

(1) Philippe-le-Bel, mort en 1314 à 46 ans; Louis-le-Hutin, mort en 1316 à 27 ans; Philippe V le Long, mort en 1322 à 28 ans; Charles IV le Bel, mort en 1328 à 34 ans.

(2) *Revue des Cours Littéraires* 1868-69.

(3) *Philosophie positive* — Septembre, Octobre 1867. p. 183.

si François 1ᵉʳ n'était pas mort d'une intoxication syphilitique (1), et l'ancien chirurgien de l'hôpital du Midi penche pour la négative. La vie de François 1ᵉʳ était certes très-licencieuse et le vulgaire a pu attribuer à la fistule vésico-périnéale, à laquelle il succomba, une origine syphilitique, confusion que le public fait encore volontiers aujourd'hui. Et puis n'y-a-t-il pas quelque chose de séduisant pour l'imagination à se représenter le coupable succombant à son châtiment? Tous les historiens sérieux de l'époque, Martin Du Bellay, Tavannes, Varillas, Gaillard, etc., parlent bien d'abus de jouissances physiques, de débauches, d'excès ayant amené la mort, mais aucun ne prononce le mot de vérole. « Les Dames plus que les ans lui causèrent la mort, » écrivait à cette époque Gaspard de Saulx, Seigneur de Tavannes.

Nous pouvons avoir quelques renseignements sur la santé du jeune Prince en consultant les mémoires de sa mère, Louise de Savoie.

(1) Cullerier — *De quelle maladie est mort François Iᵉʳ?* Broch. in-8, 1856.

Louise de Savoie, comme c'était l'usage dans certaines maisons à cette époque, prenait des notes sur les événements les plus importants qui l'intéressaient. Ce journal commence à parler de la santé de François en 1508 et finit en 1521. Nous y trouvons que le 6 août 1508 le jeune prince fut blessé au front par une pierre ; que le 22 juin 1511, il avait une fièvre tierce ; que le 29 novembre 1514, il fut blessé au doigt dans un tournoi ; que le 5 juin 1515, il fut blessé à la jambe par une épine ; que le 23 septembre 1519, il fut blessé par une branche d'arbre en chasse ; que le 6 janvier 1521, il fut très-grièvement blessé par une bûche ; mais nous ne trouvons pas cette note indiquée par un historien et attribuée à Louise de Savoie que, le 4 septembre 1514, « François avait mal en la part de secrette nature. »

Que François Ier ait eu la syphilis, c'est un fait incontestable ; tous les écrivains, tous les contemporains l'ont écrit et répété à satiété. L'important serait de savoir s'il en fut infecté avant son mariage avec Claude de France et par conséquent s'il a pu en communiquer le germe à ses enfants et ensuite de déterminer si elle a été cause de sa mort.

Né à Cognac le 12 septembre 1494, François s'est marié en 1514, à l'âge de 20 ans. Avant cette époque, il avait déjà une réputation de libertinage assez nettement établie. Si nous en croyons Brantôme, la syphilis se serait assise sur le trône avec le Roi, car il dit crûment que si la Reine Anne de Bretagne eût vécu, jamais elle n'eut consenti au mariage de sa fille avec François Ier, car elle prévoyait le mauvais traitement qu'elle en devait recevoir, « d'autant que le Roy son mary luy donna la vérolle qui luy avança ses jours (1). » La jeune Reine mourut à Blois en 1524, après dix années de mariage, et avait donné naissance à sept enfants.

Pendant son séjour forcé à Madrid, il fut affecté de mélancolie.

D'après les *Mémoires historiques et secrets con-*

(1) Brantôme : *Les Dames Illustres*, Disc. VI. Madame Claude de France.

Voir aussi : Sauval, *Mém. hist. concernant les amours des Rois de France*, Paris, 1739, in-12, p. 41 à 241.

Chéreau, *Les médecins de François Ier*, Union méd. 1863, n°s 87, 88.

cernant *les rois de France* par d'Argens, la belle Duchesse d'Etampes, elle-même, qui née en 1508 est devenue la favorite du roi en 1526, à l'âge de 18 ans, aurait aussi été infectée de la syphilis, dont elle guérit, ce qui ne l'empêcha pas de vivre jusqu'à l'âge de 68 ans.

Quant à l'anecdote plus ou moins véridique de la belle Féronnière, elle porte la date de 1539 et est par conséquent bien postérieure au mariage de François Ier et à la naissance de ses enfants.

S'il est avéré que François Ier ait eu la syphilis, il ne l'est nullement qu'elle ait occasionné sa mort.

Au mois de février 1547, François Ier était affecté depuis quelque temps d'une fièvre lente. Croyant que le changement de résidence lui serait favorable, il se rendit à la Muette près de Saint-Germain, où il resta sept à huit jours ; mais l'ennui le prit et il alla coucher à Villepreux ; il eut la fièvre toute la nuit. Le lendemain il alla coucher à Dampierre, d'où il se rendit à Limours, à l'époque du Carême-prenant. Après deux ou trois jours de sé-

jour à Limours, il alla à Rochefort, où il essaya
d'aller à la chasse ; la fièvre revenait tous les soirs.
Il quitta alors Rochefort pour se rendre à Ram-
bouillet où il ne devait passer qu'une nuit ou au
moins un temps très-court avant d'aller à Saint-
Germain. Mais la fièvre redoubla ; d'intermittente
qu'elle était, elle devint continue « avecques la
« douleur d'une apostume qu'il avoit eue peu de
« temps au précédent qu'il allast au devant de
« l'Empereur quand il passa par France (1). »

C'est donc en 1539 que François Ier commença à
souffrir de l'affection qui le conduisit au tombeau.

A la date du 21 mars 1547, l'ambassadeur de
Charles-Quint en France, De Mauris, écrit au cardinal de Grandvelle que François est très-malade ; *que
son abcez ouvert lui donne la fiebvre par accez*, qu'il
a grand peur de la mort ; mais il ne parle pas de syphilis (2).

Dans le récit de la mort de François Ier extrait des

(1) Du Bellay, *Mémoires.*
(2) Archives nationales, K 1487, B 6, pièces 51, 52. (Archives de Simancas).

registres du Parlement du vendredi 1ᵉʳ avril 1547 (1), on trouve que le mardi 29 mars, le roi se sentant perdu demanda l'extrême-onction; que vers minuit, il fut pris de tremblement et fut administré; qu'il eut des hallucinations jusque dans la nuit du mercredi au jeudi; qu'alors survinrent la divagation, l'embarras de la parole, la perte de la vision, et que la mort arriva le jeudi 21 mars, entre une heure et deux heures de l'après-midi.

Dans ce récit plus détaillé au point de vue religieux qu'au point de vue médical, il n'est pas dit un mot de vérole ou de syphilis.

Mais si cette fistule vésico-périnéale à laquelle a succombé François Iᵉʳ ne peut être considérée comme une altération de nature syphilitique, on peut au moins voir dans cette maladie une ancienne affection des voies urinaires, remontant à 8 ou 9 ans environ, peut-être quelque rétrécissement organique qui aurait déterminé un abcès à la région périnéale, d'où les accès fébriles intermettents d'abord, puis conti-

(1) Bibliot. Nat. — Manuscrits, 23351.

nus et consécutivement l'intoxication urineuse avec son cortége obligé de symptômes cérébraux.

Que François Iᵉʳ ait eu une fistule au périnée comme Louis XIV en eut une à l'anus, il n'y a là rien d'extraordinaire, et il faut en rabattre de cette opinion contenue dans le tercet si connu :

> L'an quinze cent quarante-sept,
> François mourut à Rambouillet
> De la vérole qu'il avait.

En résumé, les causes de la mort de François Iᵉʳ sont complexes et on peut croire qu'il a succombé, consumé à la fois par les embarras politiques, par les jouissances d'une vie de fatigues et de plaisirs de toute nature, à l'exception de ceux de la table, par une maladie de voies urinaires, restes probables mais non certains de maladie vénérienne.

De son mariage avec Claude de France, fille de Louis XII et d'Anne de Bretagne, naquirent sept enfants :

1º FRANÇOIS, dauphin, né le 28 février 1517,

mort en 1536, empoisonné, dit-on, par Sébastien Montecuculli.

2° CHARLES, *duc d'Orléans*, mort de pleurésie, ou de la peste en Picardie, en 1545, à l'âge de 29 ans.

3° LOUISE, née en 1515, morte en 1517, âgée de 2 ans ;

4° CHARLOTTE, née en 1516, morte en 1524, âgée de 8 ans ;

5° HENRI II, né le 31 mars 1518, mort accidentellement dans un tournoi, en 1559, à 41 ans ;

6° MADELEINE, née en 1520, épousa le roi d'Ecosse et mourut peu après son mariage en 1537, d'une fièvre éthique, à l'âge de 17 ans ;

7° MARGUERITE, née en 1523, épousa en 1559 le duc Emmanuel-Philibert de Savoie et mourut en 1574, à l'âge de 51 ans.

HENRI II

1518-1559

Le 30 juin 1559, à l'occasion des doubles fiançail-
les de sa sœur Marguerite avec le duc de Savoie, et
de sa fille Elisabeth avec Philippe II, Henri II donnait des fêtes splendides suivies d'un tournoi. Après
avoir lutté avantageusement contre plusieurs adver-
saires, le roi se rencontra avec le jeune comte de
Montgomery, fils du duc de Lorges. La lutte
avait été brillante, mais ayant brisé leurs lances
l'un contre l'autre, Montgomery négligea, selon la
coutume, de jeter à terre le tronçon qui lui était
resté dans la main et le tint toujours baissé. Ce tronçon frappa la tête du roi, au niveau de la visière du

casque qui se souleva et il lui creva l'œil. On aida le
blessé à descendre de cheval, on lui ôta son casque ;
le médecin Legrand et De Vieilleville le portèrent à
sa chambre. Henri II pressentit la gravité de sa
blessure et dit qu'il était mortellement frappé. La
porte fut fermée à la reine et aux princes ; les médecins, chirurgiens, apothicaires et gens de service
seuls furent admis près du blessé.

« Cinq ou six chirurgiens des plus experts de
« France firent toute diligence et devoir de profon-
« dir la playe et sondre l'endroict du cerveau où les
« esquilles du tronsson de la lance pouvoient avoir
« donné. Mais il ne leur fust possible, encore que
« durant quatre jours ils eussent anatomisé quatre
« testes de criminels que l'on avoit décapités en la Con-
« ciergerie du palais et aux prisons du Grand Chaste-
« let ; contre lesquelles testes on coignoit le tronsson
« par grande force au pareil costé qu'il estoit entré
« dedans celle du Roy ; mais en vain (1). »

Des accidents cérébraux et la fièvre se déclarèrent ;

(1) V. Carloix, *Mém. sur la vie de Mal de Vielleville*, Liv.
VII, ch. XXVIII, p. 709.

le quatrième jour, la raison revint un peu, mais la fièvre continua. Il fit alors appeler la Reine Catherine pour lui parler des affaires de l'État : c'était le 4 juillet. Les symptômes allèrent en augmentant jusqu'au 9 juillet : à cette date, le roi avait perdu complètement la parole et l'intelligence.: il ne reconnaissait plus personne et la mort survint le 10 juillet 1559.

Henri II, de son mariage avec Catherine de Médicis, avait eu dix enfants, cinq garçons et cinq filles :

1° FRANÇOIS II, né en 1543, mort scrofuleux en 1560, à 17 ans ;

2° LOUIS D'ORLÉANS, mort à l'âge de 2 ans et demi, en 1550 ;

3° CHARLES IX, MAXIMILIEN, mort phthisique en 1574, à 24 ans ;

4° HENRI III, mort assassiné en 1589, à 38 ans ;

5° FRANÇOIS, *duc d'Alençon*, mort phthisique en 1584, à 30 ans.

A part la Reine de Navarre, Marguerite, les cinq filles n'ont pas été plus favorisées.

1° ELISABETH DE FRANCE, née en 1545, troisième femme de Philippe II d'Espagne, est morte en 1568, à 23 ans (a eu 2 enfants) (1);

2° CLAUDE DE FRANCE, née en 1547, femme de Charles II duc de Lorraine, est morte en 1575, à 27 ans (a eu 9 enfants) : elle aurait succombé, d'après Brantôme, aux suites de couches, dont il rend responsable une « vieille sage-femme et grosse yvrognesse de Paris ; »

3° MARGUERITE DE VALOIS et de Navarre, née en 1553, première femme d'Henri IV, morte à Paris en 1615, à 62 ans.

4° JEANNE DE FRANCE,
5° VICTOIRE DE FRANCE, } sœurs jumelles, nées le 24 juin 1556, mortes la 1re, à six semaines; la seconde en naissant.

(1) Ces deux enfants étaient :

1° Isabelle-Claire-Eugénie, infante d'Espagne, née le 11 août 1566, mariée à l'archiduc Albert, morte le 29 novembre 1633, à 68 ans ;

2° Catherine-Michelle, née le 10 octobre 1567, mariée à Charles-Emmanuel de Savoie, morte le 6 novembre 1597, à 30 ans.

FRANÇOIS II

1543-1560

François II était né avec une santé débile. Il avait
à peine seize ans, quand on le maria en 1558 avec
une belle et séduisante princesse de 17 ans, Marie
Stuart. Cette union prématurée a été préjudiciable à
sa santé. Devenu roi en 1559, à une époque assez
agitée, il eut à supporter à la fois les fatigues d'une
cour frivole et d'un mariage récent. On disait de
lui qu'il était un roi « sans vices et sans ver-
tus. »

La légende s'est encore emparée de la mort de
ce prince qu'elle a fait périr victime du poison.

2

L'étude des symptômes de sa dernière maladie démontre combien cette opinion est erronée.

Au mois de novembre 1560, François II était avec la cour à Orléans où étaient réunis les États généraux. Avant l'ouverture des États, il se livrait à son goût pour la chasse, à Chambord et à Chenonceaux. Il était déjà souffrant depuis quelque temps de douleurs de tête, occasionnées par une fistule ancienne au niveau de l'oreille gauche. Sa constitution était lymphatique.

Le dimanche, 15 novembre, il était aux vêpres à l'église des Jacobins lorsqu'il éprouva une syncope : on dut l'emporter à sa chambre. Lorsqu'il eut repris connaissance, il se plaignit de vives douleurs dans l'oreille gauche « en laquelle il avoit eu de tout temps une fistule, en sorte que de la douleur la fiebvre le print. »

« Quant à la maladie du Roy, combien que quelque humeur fort puante fust distillée de son aureille, qu'il eust esté purgé et ventosé et que cette descente fust retenue par fomentations, toutes fois **la fiebvre** ne laissa de luy redoubler avec grandes douleurs, inquiétudes et resveries » (1).

Du 15 au 25 novembre, même état ou à peu près. A partir du 25, le mal fit des progrès. Ambroise Paré, Nicole, Servais furent très-perplexes d'abord et ne tardèrent pas à juger la maladie au-dessus des ressources de leur art. Le cardinal de Lorraine fit faire des processions, brûler des cierges ; son frère, le duc de Guise se répandait en invectives contre les médecins et les chirurgiens parce qu'ils ne pouvaient sauver le jeune monarque.

Malgré processions, vœux, prières et invectives, le mal empirait.

Les médecins et les chirurgiens se réunirent en consultation et la question du trépan fut agitée, mais on ne conclut rien. Enfin le 5 novembre François II expirait « par une défluxion d'hu- « meur qui lui descendoit du cerveau dans l'oreille « gauche, laquelle s'étant formée en apostume et « ne pouvant trouver de conduit pour passer, l'é- « touffa. »

(1) Regnier de la Planche, *Hist. des États de France, sous François II*, Ed. Panth. litt., p. 411, 418.

Pour peu qu'on réfléchisse à la succession des symptômes qui se sont manifestés dans la dernière maladie de François II, on ne trouve rien qui indique que
le jeune roi ait succombé à un empoisonnement (1).
Un trajet fistuleux existant depuis longtemps et
donnant issue par l'oreille à un pus fétide fait déjà
supposer une lésion organique des parties osseuses.
Pour que les chirurgiens aient songé à appliquer
une couronne de trépan, il fallait que la lésion occu-
pât une partie importante et circonscrite, telle que
l'apophyse mastoïde, les cellules mastoïdiennes ou
le rocher ; la fétidité de l'écoulement et son ancien-
neté font croire à une carie osseuse. Tant que le pus
a pu se faire jour au dehors, la santé était tolérable;
mais dès que l'inflammation a gagné les méninges
par voisinage, des symptômes cérébraux se sont développés, tels que syncope, hallucinations, assou-

(1) C'est donc à tort, selon nous, que Vitet, dans sa pièce
dramatico-historique, *Les États d'Orléans*, s'est fait l'écho
de la légende qui fait mourir François II empoisonné. L'histoire du bonnet que le roi portait à la chasse et dans la coiffe
duquel Ambroise Paré aurait trouvé une poudre blanche sus-
pecte, est une fable à laquelle un écrivain sérieux ne peut
prêter aucune attention.

pissement, etc; d'où l'on peut établir que François II a succombé à une carie du rocher et à un
épanchement cérébral consécutif, et nullement à un
empoisonnement.

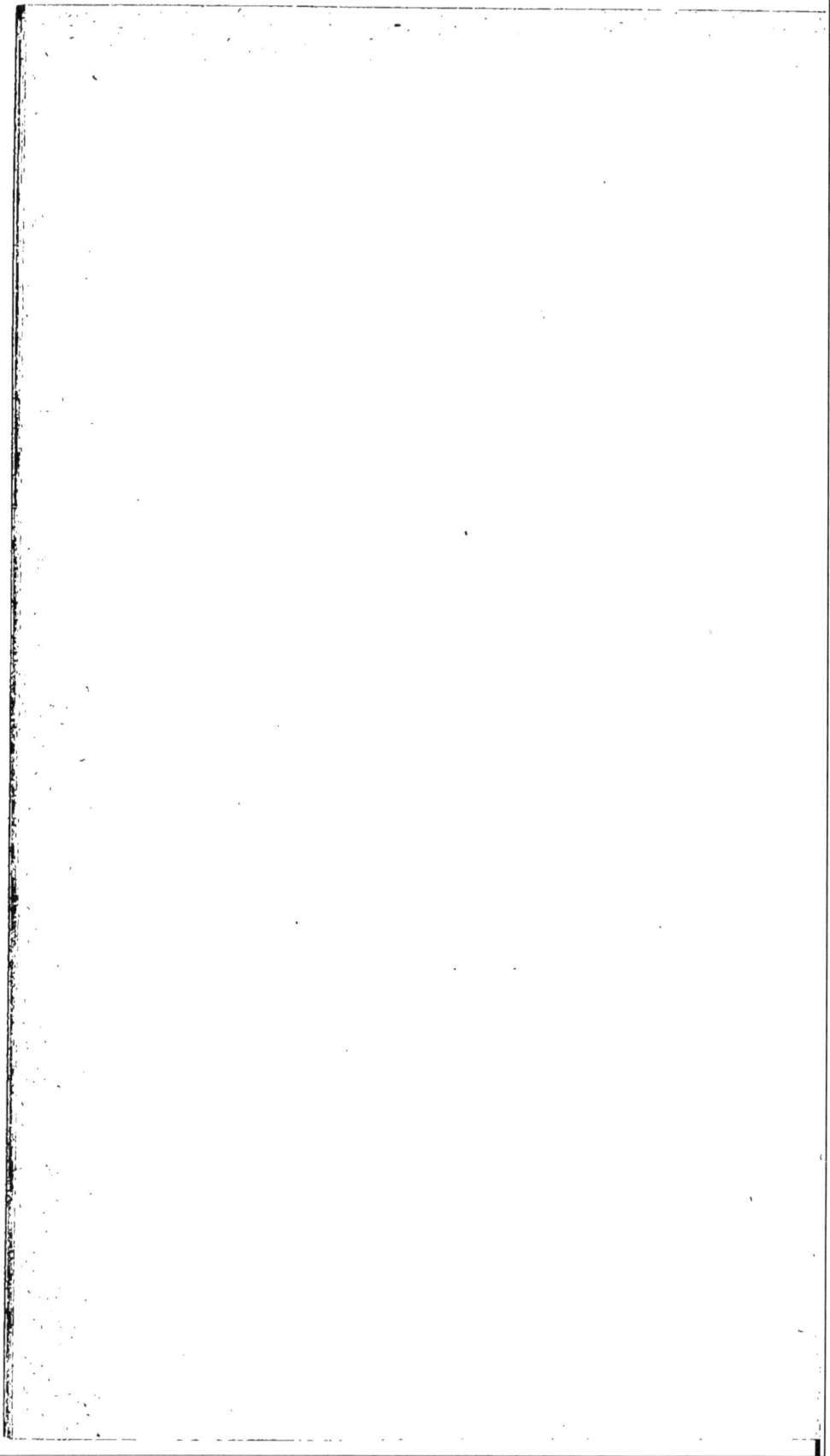

CHARLES IX

1550-1574

Charles IX était le troisième fils d'Henri II et de Catherine de Médicis; né le 2 mai 1550, il succéda à son frère aîné François II, le 5 décembre 1560, à l'âge de dix ans.

Son éducation fut cultivée (1), et l'on sait qu'il aimait les arts, la musique et tournait le vers français avec assez d'habileté. De plus on lui avait donné le goût des exercices du corps : il était bon

(1) Il eut pour précepteur Amyot et pour gouverneur de Sipierre, homme de mœurs pures; à la mort de de Sipierre, ce fut le maréchal de Retz, de mœurs légères, qui fut nommé son gouverneur.

joueur au ballon, élégant danseur et chasseur excellent. Il n'était pas étranger aux travaux manuels, battait l'enclume et fabriquait des armes, « ce qui le rendait moins sujet aux femmes, » dit de Thou, — qui prétend qu'il n'en a jamais aimé qu'une seule en sa vie, Marie Touchet, sa maîtresse. D'Aubigné prétend au contraire qu'il « était acharné à toutes sortes d'amours. » On voit qu'en cela de Thou n'est pas d'accord avec les autres historiens, qui accusent Charles IX de s'être « fait un jeu de corrompre les femmes et les filles. »

Il était sobre, ne buvait presque pas de vin, mangeait peu, ne dormait guère : depuis la Saint-Barthélemy surtout, son sommeil était souvent troublé par des rêves et des visions pénibles.

Mais sous le rapport moral, son éducation laissait beaucoup à désirer. Le jeune prince était cruel : dès son enfance il avait assisté au carnage des bêtes fauves, et cette vue, loin de lui déplaire, paraissait même avoir pour lui beaucoup d'attraits. « Jurer, se parjurer, blasphémer le nom de Dieu, déguiser sa foi, sa religion..., voilà ce qu'on lui a enseigné de bonne heure comme un jeu (1). »

Du reste, Charles IX ne faisait en cela que suivre les tristes habitudes de la cour, dont les mœurs, à cette époque, étaient très-relâchées.

Quant au physique, si l'on contemple attentivement le buste de Charles IX, fait en 1568, par Germain Pilon, quand le prince avait dix-huit ans (2), si l'on cherche à reconnaître s'il n'existe pas déjà quelque trace physiognomonique de maladie thoracique, on ne constate rien. Le corps semble un peu voûté, la tête est légèrement inclinée à gauche ; l'embonpoint est normal, le visage est ovale, le nez fort et un peu pointu, le sillon naso-labial peu marqué ; les buccinateurs sont développés, l'orbiculaire de la lèvre supérieure est proéminent, peut-être à cause de l'exercice violent de ces muscles dans l'action de sonner de la trompe, ce que le jeune roi faisait souvent et avec assez d'habileté. Les lèvres sont pincées ; les cheveux sont courts, assez abondants ; le visage

(1) De Thou, *Histoire*, liv. 52.
(2) Ce buste est au musée du Louvre, dans la salle de sculpture de la Renaissance, et porte le n° 130.

est encore imberbe. L'ensemble de la physionomie a quelque chose de lymphatique, et l'on éprouve en la contemplant un sentiment glacial tout particulier, sans doute en se rappelant les actes du règne de Charles IX. La tête est large sur les côtés, indice de la destructivité, selon les phrénologistes; les lèvres pincées, comme celles de Robespierre, indiquent une cruauté inexorable. De Thou trouvait au roi la taille belle, le regard fier, le visage pâle et plombé, le corps bien proportionné.

Comme antécédents de famille, rappelons que Charles IX est petit-fils de François Ier, qui fut affecté de syphilis fort mal traitée. Il n'y a rien à noter du côté de son père Henri II, mort accidentellement à 41 ans : seulement n'oublions pas que Henri II eut une vie très-licencieuse et pleine d'excès. Quant à sa mère Catherine de Médicis, elle mourut à l'âge de 70 ans. Son frère aîné, François II, mourut dans sa dix-septième année, après vingt jours de maladie, d'un abcès symptomatique dans l'oreille gauche.

Voilà tout ce que nous pouvons savoir sur les antécédents de Charles IX. Nous ne dirons rien de la fameuse saignée faite par Portal, saignée qui fut suivie de symptômes effrayants, et dont Ambroise Paré contribua à arrêter les effets, qui d'ailleurs n'ont eu aucune influence sur sa santé. C'est à cette cure qu'on attribue généralement l'attachement du roi pour son chirurgien. Mais telle n'est pas l'opinion de Brantôme : pour lui l'attachement du prince a une autre source. Il prétend que Charles IX a été affecté d'une maladie vénérienne pour laquelle, au temps de la Saint-Barthélemy, il recevait des soins d'Ambroise Paré, et que ce fut l'une des raisons pour lesquelles le chirurgien échappa au massacre (1).

Que Charles IX ait eu une maladie vénérienne, — la syphilis, peut-être, — nous ne saurions le contester, et l'histoire nous a prouvé que

> ... la garde qui veille aux barrières du Louvre
> N'en défend pas nos rois.

D'ailleurs c'est dans les choses possibles ; la vie li-

(1) Brantôme, VII, pag. 204. Ed. 1787.

cencieuse de la cour nous autorise à le croire, bien
que de Thou se fasse pour ainsi dire garant de la
bonne conduite du roi. Mais Brantôme va peut-être
un peu loin quand il dit que c'est cette maladie vénérienne qui a conduit le roi au tombeau. Elle aurait pu y contribuer, mais indirectement.

Passons sur la Saint-Barthélemy, trop connue
pour nous y arrêter. Le soir et le lendemain de cet
horrible massacre, Charles IX fit mander Ambroise
Paré. Après l'état de surexcitation dans lequel le roi
s'était trouvé pendant deux jours, il tomba dans l'affaiblissement, eut des remords, la fièvre, des hallucinations. On en aurait à moins. « Ambroise, dit-il,
« je ne sçay ce qui m'est survenu depuis deux ou
« trois jours, mais je me trouve l'esprit et le corps
« grandement esmeus, voire tout ainsy que si j'avois
« la fiebvre, me semblant à tout moment, aussy bien
« veillant que dormant, que ces corps massacrez se
« présentent à moy, les faces hydeuses et couvertes
« de sang (1). »

(1) Sully, *Coll. des Mém.* 1 vol., 2ᵉ sér., p. 245.

Cet état ne dura pas. On conseilla au roi de chercher des distractions dans la chasse, à laquelle il se
livra avec plus d'ardeur qu'auparavant.

Ainsi, remords, débauches, emportements vio-
lents, courses forcenées à cheval, matinées entières
passées à sonner du cor, excès de chasse, et par conséquent alternatives de chaud et de froid, toutes ces
causes, jointes aux antécédents de famille, altérèrent
la santé du jeune roi. Il y en avait assez là pour dé-
velopper quelque germe de phthisie ou tout au
moins de maladie des poumons ou de leurs enve-
loppes.

Voilà pour les causes physiologiques, physiques
et psychiques ou morales.

Charles IX était en outre sujet à des hémoptysies
fréquentes qui le reprirent vers Noël 1573 (1).
D'après les mémoires de Marguerite de Valois, sa
sœur, la dernière maladie de Charles IX commença
cette même année, à l'époque où Henri partit pour
la Pologne.

(1) Cheverny *Mém. Ed. Pant. litt.*, p. 233.

Le 28 septembre 1573, il était à Villers-Cotterets, et avait voulu conduire son frère jusqu'à la frontière de France, mais il tomba malade à Vitry. « Le Roy, « dit Cheverny, avoit une maladie de poulmons qui « luy occasionnoit souvent des accidents périlleux. » — Il commença, dit D'Aubigné, « à se trouver mal « d'une fiebvre lente qui croissoit tous les jours, ce « qui donna de quoy deviser à toutes sortes de gens, « accordans à cette maladie les menées de la Reyne- « mère pour prolonger le partement du Roy de Pou- « logne jusques après l'hyver. »

De Vitry, Charles IX retourna à Saint-Germain. Les crachements de sang étaient plus abondants et plus fréquents. Quelques-uns des médecins du roi s'en inquiétèrent.

Vers les jours gras — du 21 au 23 février 1574 — il y eut un complot contre lui. Il était question de tentatives d'empoisonnement et de menées sour- des dirigées par des partisans du roi de Pologne et par son beau-frère Henri (IV) de Navarre, et aux- quelles on prétendait que Catherine n'était pas étran- gère. Tous ces bruits qui parvinrent jusqu'au roi le

mirent dans de grands accès de colère et le détermi-
nèrent à quitter Saint-Germain pour se rendre à Vincennes. Il se fit conduire en litière de Saint-Germain
au faubourg Saint-Honoré, chez le maréchal de
Retz, où il logea, puis de là à Vincennes où il me-
nait une vie tranquille et calme, ne se levait plus,
ce qui n'empêcha pas les hémoptysies de revenir de
temps en temps.

Vers le mois de *mai* 1574, il garda le lit, recevant
des soins de Jean Mazille (1). Il avait une fièvre continue, la respiration gênée, une expectoration san-
guinolente, les yeux caves, la face livide, les pom-
mettes rouges, les lèvres brûlantes, une soif ardente (2). De continue, la fièvre devint tierce,
quarte, puis erratique avec frissons.

Le médecin n'y reconnut rien. « Tant y a que les
« médecins y perdirent leur latin, d'autant qu'ils ne

(1) Jean Mazille était de la faculté de Montpellier : il exerçait sa profession à Beauvais, avait été introduit à la cour par
le Cardinal de Châtillon dont il était le médecin, devint suc-
cessivement médecin de Henri II, de Catherine de Médicis et de
Charles IX. Il quitta la cour, après la mort du roi et vécut
dans la retraite. Il était tombé en défaveur.

(2) D'Aubigné, *Hist. univ.*

« purent jamais bien cognoistre sa maladie, car il
« luy subvint une fiebvre erratique qui tantost
« estoit quarte, tantost continue, et pensoit M. Ma-
« zille, son premier médecin, qu'il se porteroit bien
« en mieulx, ainsy que la fiebvre diminueroit... (1) »

Les frissons, les accès fébriles indiquaient assez la
formation de la collection purulente. Dans l'ignorance où l'on était de la nature de la maladie, le
traitement a dû être bien insignifiant. Brantôme,
cet indiscret courtisan, nous raconte que, malgré sa
maladie, le roi eut des rapports avec sa femme, ce
qui hâta la terminaison. « Aulcuns ont voulu dire
« que durant sa maladie, il s'échappa après la reyne
« sa femme et s'y eschauffa tant qu'il en abbrégea
« ses jours ; ce qui a donné subjet de dire que Vénus
« l'avoit faict mourir avec Diane. Ce que je n'ay
« sceu croire (2). »

(1) Brantôme. *Vie des grands capitaines.* Ed. Panth.,
p. 564.
(2) D'après Sauval, qui avait entre les mains un excellent
manuscrit de Brantôme, les quatre mots *la Reyne sa femme*
auraient été mis, par un éditeur, à la place des trois initiales
L. R. M. (la Reine Margot), car le bruit courait que Charles IX avait des rapports incestueux avec sa sœur Marguerite

Le 26 *mai*, le roi était toujours alité et le mieux ne se faisait pas sentir. Il fit demander le comte de Cheverny, un de ses officiers, pour s'entretenir avec lui des affaires de l'Etat. « Pendant les derniers « jours de sa vie, le roy, dit-il, me faisant un jour « cet honneur de me parler dans son lict et voyant « que malaysément il respiroit et prenoit son vent, « je jugeay et apperceus qu'il estoit fort proche de « sa mort, veu les advis particuliers que j'avois à « toute heure de sa disposition (1). »

Cheverny fut inquiet de l'état dans lequel il trouva le roi et il en fit part à la reine mère, Catherine de Médicis, à cause surtout de l'absence de son troisième fils, Henri, qui était en Pologne. Catherine, fort confiante en ce que disaient les médecins, ne voyait pas la gravité de la position du roi. Cependant, d'après les instances de Cheverny, elle demanda qu'une consultation eût lieu le lendemain, 27 *mai*, — consultation qui se fit en présence du

de Valois. — V. Pierre Dufour, *Hist. de la Prostitution*, t. V, p. 354.

(1) Cheverny, *Mémoires*, Ed. Panth. litt., p. 232.

3

chancelier de Birague, et des conseillers de Mor-
villiers et de Limoges; Cheverny, par discrétion,
refusa d'y assister.

Dans cette consultation, à laquelle prirent part
Simon Piètre et Legrand, on établit que la maladie
du roi était une simple fièvre tierce, sans aucun
danger. Ainsi, ni l'expectoration, ni les hémoptysies, ni la dyspnée, ni les suffocations n'éveillèrent
l'attention des consultants sur l'état des organes
thoraciques, et pourtant on savait que le roi tous-
sait souvent. On avait l'esprit tourné d'un autre
côté.

Le vendredi 28 *mai*, « sur les deux heures après
« midy, le Roy ayant faict appeler Mazille, son pre-
« mier médecin, et se plaignant de grandes douleurs
« qu'il souffroit, luy demanda s'il n'étoit pas pos-
« sible que luy, et tant d'autres grands médecins
« qu'il y avoit en son royaume, luy pussent donner
« quelque allégement en son mal, car je suis, dit-il,
« horriblement et cruellement tourmenté (1). » Ma-

---

(1) L'Estoile. Ed. Petitot, t. XLV, 1ʳᵉ sér., p. 86.

zille répondit que les médecins avaient fait tout ce qui dépendait de leur art, que toute la Faculté s'était réunie la veille pour y porter remède, qu'il fallait attendre et s'en rapporter à Dieu.

Le 29 mai, au matin, il y eut un peu d'amélioration; car Brantôme rapporte « que le jour avant « sa mort, il se portoit très-bien ; nous croyons « tous, dit-il, qu'il s'en alloit guéry. » Charles IX s'occupa des affaires de l'État, de la Régence, etc.

La nuit du 29 au 30 mai, le roi fait appeler de nouveau Mazille à cause des douleurs qu'il éprouvait. Aucun auteur contemporain, si ce n'est d'Aubigné, ne parle des hémorrhagies cutanées qui auraient été le prélude, sinon la cause, de la mort de Charles IX. « Aux extrêmes douleurs, dit d'Aubi- « gné (1), il sortait du sang par les pores de la peau « de ce prince, presque en tous endroits. » Si ce phénomène eût existé, comment expliquer le silence des historiens contemporains à ce sujet? Comment aussi expliquer que les médecins n'eussent vu dans

(1) D'Aubigné, *our. cit.*

la maladie qu'une fièvre qui devait guérir après une crise? Comment expliquer les paroles rassurantes du médecin Mazille à la reine mère Catherine? Et d'ailleurs les hémorrhagies cutanées sont un phénomène trop rare pour ne pas attirer toute l'attention des médecins, et cela d'une façon toute spéciale.

Mazille ne trouva pas la situation du roi plus grave; il l'exhorta à la patience, à la confiance en Dieu, lui recommanda le repos. Il fit retirer tout le monde de la chambre du malade, à l'exception de La Tour, de Saint-Prix et de la nourrice. Le rôle de la femme de Charles IX, Élisabeth ou Isabelle d'Autriche, est bien effacé dans toute cette maladie. Brantôme seulement, qui estime beaucoup la jeune reine, nous la fait intervenir d'une façon assez singulière. Cependant, dans son livre « *Des Dames illustres* » il lui consacre un chapitre fort élogieux, dans lequel il nous la représente comme une épouse modèle, malgré les fautes et les torts de son royal époux. Il paraît qu'à la Cour l'étiquette ne laisse point place aux sentiments.

La seule personne qui resta la nuit avec La Tour et Saint-Prix était, comme nous venons de le voir, la nourrice du roi, qu'il aimait beaucoup, bien qu'elle fût huguenote.

« Comme elle se fust mise sur un coffre et com-
« mençoit à sommeiller, elle entendit le roy se plain-
« dre, pleurer et soupirer; elle approcha tout dou-
« cement du lict et, tirant la custode (rideau), le roy
« commença à lui dire, jetant un grand soupir et
« larmoyant si fort que les sanglots luy interrom-
« poient la parole : Ah! ma nourrice! ma mie! ma
« nourrice! que de sang et de meurtres! Ah! que
« j'ay suivy un méchant conseil! Oh! mon Dieu!
« pardonne-les-moy et me fais miséricorde, s'il te
« plaist! je ne sçay où j'en suis, tant ils me rendent
« perplexe et agité. Que deviendra tout ceci? que
« ferai-je? Je suis perdu, je le vois bien ! » (1)

La nourrice le rassura par quelques paroles con-
solantes, lui donna un nouveau mouchoir, car le sien était tout mouillé de ses larmes, ferma le rideau et le laissa reposer.

(1) L'Estoile, *ouv. cit.*

Le 30 mai, dimanche de la Pentecôte, le médecin assure encore Catherine que le roi guérira, qu'il n'y a qu'une crise ; et cependant Charles IX venait de signer l'ordonnance conférant la régence à sa mère Catherine. Deux heures après la visite du médecin, la reine mère s'était rendue à la messe du château de Vincennes ; mais le médecin vint la prévenir pendant l'office que le roi était très-mal (1).

Vers midi, vomissements et frissons. « Lors il « rentra de rechef en ces accez de vomissements et « frissons, et de plus en plus se sentant abbaisser et « diminuer ses forces, pria qu'on ne luy parlast plus « que de prières et oraisons... » (2)

L'agonie commença aussitôt et la mort arriva vers trois heures et demie de l'après-midi, Charles IX étant âgé de 24 ans moins vingt-huit jours.

« Le jour en suivant, son corps fut ouvert en la « présence des magistrats, et n'y ayant esté trouvé

---

(1) Cheverny. — Dans ses *Mémoires*, Cheverny cite toujours Marillac comme médecin du roi, et jamais Mazille. Y a-t-il erreur de typographie ?

(2) Le vray Discours ou derniers propos de Charles IX, p. 13-14.

« en dedans aulcune meurtrissure ny tache , cela
« osta publiquement l'opinion que l'on avoit de la
« poison... M. de Strozze et moy en demandasmes
« advis à maistre Ambroise Paré, son premier chi-
« rurgien. Il nous dit en passant et sans long propos
« qu'il étoit mort pour avoir trop sonné de la trompe
« à la chasse au cerf, qui luy avoit tout gasté son
« pauvre corps, et ne nous en dit pas plus. » (1)

L'opération de l'autopsie et de l'embaumement se
faisait avec une imposante gravité et d'après un cérémonial obligé.

Le roi étant mort, le premier médecin et le premier chirurgien, assistés des médecins et chirurgiens ordinaires, se trouvaient à l'ouverture du
corps, ainsi que le grand chambellan, le premier
gentilhomme de la chambre, le maître de la garde-
robe, accompagnés des premiers valets de chambre
et des valets de la garde-robe. Le corps est posé
sur une table, couvert d'un grand linceul, et le

(1) Brantôme, *Ouv. cit.*, p. 565.

premier médecin commande aux chirurgiens d'en faire l'ouverture. On dresse procès-verbal et le corps est embaumé par les chirurgiens, puis moulé et exposé dans une chapelle ardente.

Nous trouvons, dans les œuvres de Guillemeau, le procès-verbal en latin de l'autopsie de Charles IX, ce qui complète l'histoire de la maladie. En voici la traduction :

Procès-verbal d'autopsie :

« L'an 1574, la veille des calendes de juin (1), à quatre heures de l'après-midi, fut faite l'ouverture du corps de Charles IX, roi de France très-chrétien.

« On aperçut et observa ce qui suit :

« Tout le parenchyme du foie se trouve exsangue et desséché, et les extrémités de ses lobes vers leurs parties concaves sont noirâtres.

---

(1) Le jour des calendes étant le 1er du mois, la veille des calendes de juin est le 31 mai.

« La vésicule du fiel est vide, affaissée sur elle-même et un peu noirâtre.

« La rate est sans altération.

« Il en est de même de l'estomac, dont le pylore est dans toute son intégrité.

« L'intestin colon est teint de jaune et d'ailleurs dans son état naturel.

« L'épiploon est d'une mauvaise couleur, desséché, brisé en partie et sans trace de graisse.

« Les deux reins, la vessie et les uretères sont sains.

« Le cœur est flasque et comme tabide ; le péricarde ne contient pas de sérosité.

« Le poumon gauche est tellement adhérent aux côtes jusqu'aux clavicules, qu'on ne peut l'en détacher sans le rompre et le déchirer : sa substance est toute pourrie. Dans l'intérieur du parenchyme, il s'est formé une vomique dont la rupture fournit un amas de pus de très-mauvaise odeur, et en telle quantité qu'il regorgeait par la trachée-artère et avait intercepté la respiration, d'où la mort soudaine du monarque.

« Le poumon droit est sans adhérence, plus volumineux qu'à l'état normal, et rempli dans sa partie supérieure de mucosités écumeuses qui tenaient beaucoup de la purulence.

« Le cerveau est parfaitement sain.

« ONT SIGNÉ : *Médecins présents :* Mazille, Vaterre, Alexis Gaudin, Vigor, Lefevre, S.-Pont, Pietre, Brigard, Lafille, Duret.

Chirurgiens ayant pratiqué l'embaumement : Paré, d'Amboise, Dubois, Portal, Eustache, Dionneau, Lambert, Cointrel, Guillemeau (1). »

Disons en passant que, à part Duret comme médecin, Ambroise Paré et Guillemeau comme chirurgiens, ces dix-neuf médecins et chirurgiens royaux

(1) Guillemeau. *Œuvres de Chirurgie*, éd. de Rouen, 1647.

ne nous sont guère connus, même de nom. On voit qu'à cette époque comme aujourd'hui, il y avait place à la faveur.

Quant à Portal, il n'a rien de commun que le nom avec le fondateur de l'Académie de médecine. Il ne nous est connu que par la fameuse saignée faite à Charles IX, qui était bon prince au demeurant : car aujourd'hui il est peu de médecins qui ne seraient évincés d'une maison pour une petite opération aussi malheureuse.

D'après les symptômes observés, d'après l'autopsie, quoique incomplète, nous pouvons établir que Charles IX a succombé à une *maladie des organes pulmonaires*, en partie méconnue par les médecins qui lui donnaient des soins. A gauche, il y avait pneumonie tuberculeuse du sommet avec pleurésie consécutive, collection purulente considérable résultant de la fonte des lobules, ayant comprimé la trachée-artère, les ganglions bronchiques, et ayant ainsi occasionné les accès de dyspnée et de suffocation. La présence de la collection purulente explique les accès de fièvre pseudo-intermittente, puis la fièvre hectique.

A droite, la phthisie était moins avancée; les tubercules étaient ramollis dans le sommet du poumon, mais il n'y avait pas de pleurésie. L'augmentation du volume du poumon droit est un des signes de la pneumonie au second degré, pneumonie qui est secondaire à la présence des tubercules.

Quant à l'*état du foie*, le rapport est trop laconique pour satisfaire un médecin quelque peu anatomiste. Cependant on semble autorisé à y voir une des variétés de la dégénérescence amyloïde qu'on rencontre assez fréquemment dans la phthisie pulmonaire. — Y a-t-il des traces de syphilis tertiaire dont un contemporain accusait le roi d'être infecté? Nous ne le pensons pas, car le rapport ne signale ni les dépressions, ni les cicatrices caractéristiques. A cette époque on ignorait cette lésion anatomo-pathologique; mais on l'aurait sans doute signalée, sans en comprendre la signification. Que le roi ait eu la syphilis, nous ne le nions pas; mais la suite de la maladie et l'autopsie n'ont rien révélé à ce sujet.

Quant à la *sueur de sang* signalée par d'Aubigné seul, et passée sous silence par tous les médecins et les historiens du temps, nous croyons qu'elle doit se réduire à un *purpura hemorrhagica*. Non pas qui les sueurs de sang ou *hématidroses* ne soient pas une affection qu'on observe quelquefois, affection rare, il est vrai, qu'on doit rapporter aux sécrétions morbides et placer dans les cadres nosologiques, à côté des hydropisies, des flux muqueux, etc.; mais si l'on considère que Charles IX était malade depuis huit grands mois, qu'il y avait de grands désordres dans les organes pulmonaires; si l'on songe à l'influence de la respiration sur la circulation cardiaque et hépatique; si d'un autre côté on se reporte à l'état de flaccidité, de vacuité dans lequel était le cœur, et à l'état exsangue du foie, on ne tardera pas à être convaincu qu'il y avait anémie profonde, et que ces prétendues sueurs de sang ne doivent être que des taches de *purpura*, qui n'ont été qu'un épiphénomène et n'ont nullement occasionné la mort du roi.

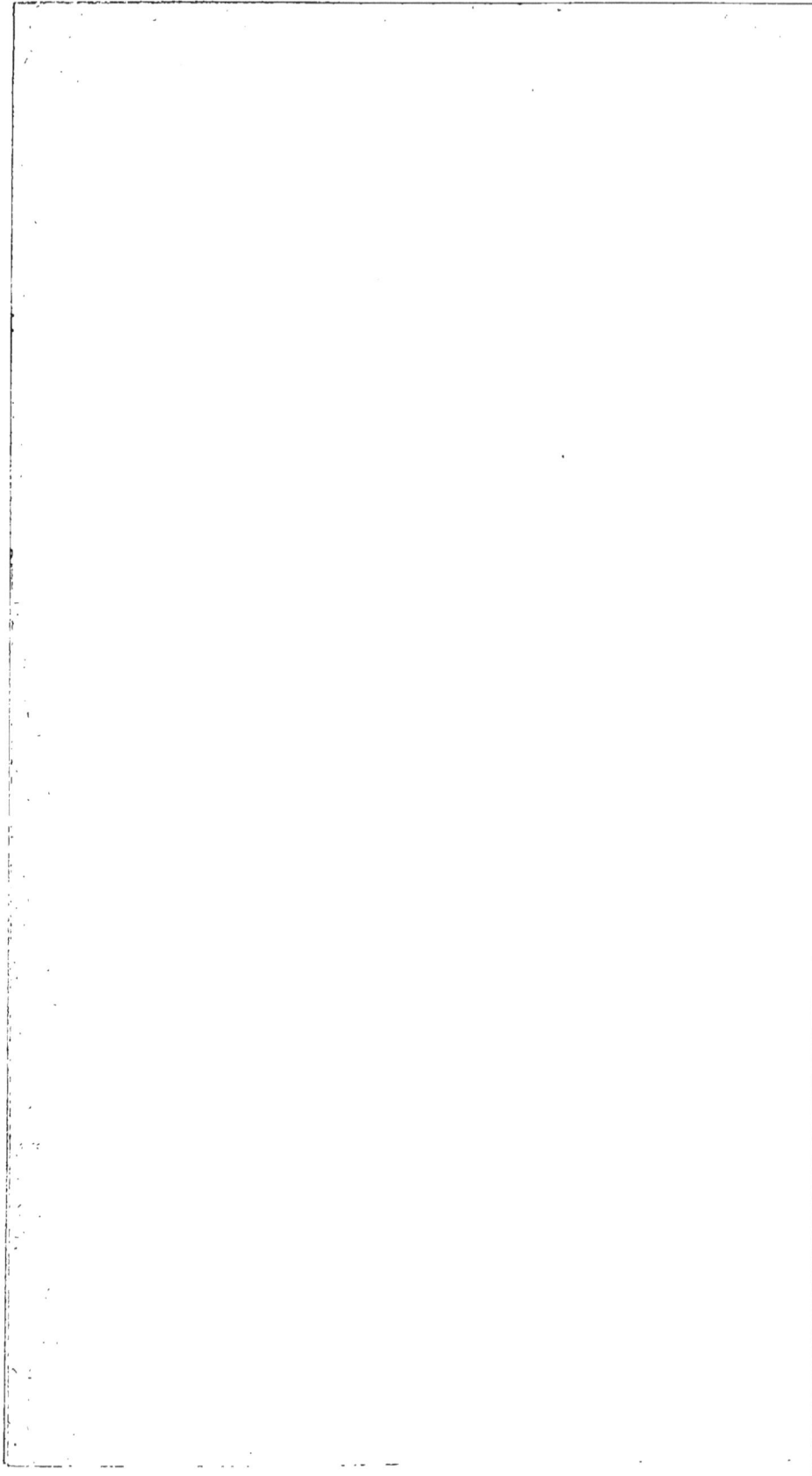

HENRI III

1551-1589

D'après de Thou (1), Henri III était né avec une
santé robuste que les excès de sa jeunesse avaient
un peu altérée. Il faisait deux repas par jour, mangeait beaucoup, ne buvait que du gros vin coupé
avec trois quarts d'eau, régime qui lui avait procuré
beaucoup d'embonpoint. Mais comme il faisait quotidiennement un exercice modéré, il se maintenait
en bonne santé. Cependant en hiver, il était sujet à
des accès de mélancolie dont s'apercevaient seuls
les officiers de sa maison : il devenait alors intrai-

(1) De Thou. — *Histoire*, liv. XCVI, p. 671, 677, 678.

table. On connaît ses débauches avec ses mignons.
Il dormait peu, veillait fort tard, se levait de grand
matin et travaillait fréquemment avec son chancelier
et les quatre secrétaires d'Etat.

Au mois de juillet 1589, Henri III était au
camp de Saint-Cloud, près de Paris, qu'il assiégeait
contre les ligueurs, lorsque le mardi 1er août au
matin il fut blessé mortellement d'un coup de couteau au bas-ventre, par le Dominicain Jacques
Clément.

Après avoir appliqué le premier appareil de pansement, les chirurgiens firent prendre un remède au
roi. Comme il ne rendit pas de sang, ils pensèrent
que la faiblesse dans laquelle Henri III était tombé
n'était qu'une syncope, que les intestins n'étaient
pas lésés et que la blessure n'était pas mortelle.

Le coup avait été porté au matin; la journée se
passa dans une grande faiblesse, mais le soir une
fièvre très-forte se déclara, accompagnée de syncopes
fréquentes, de nausées, d'une soif vive et de douleurs
violentes, qui se terminèrent par la mort, dans
la nuit du mardi au mercredi, vers trois heures

du matin, après dix-huit heures de souffrances. Le roi était âgé de 38 ans, dix mois et treize jours (1).

Du mariage d'Henri III avec Louise de Lorraine, il n'était né aucun enfant.

Son autopsie fut faite avec le cérémonial accoutumé.

Procès-verbal d'autopsie :

« Nous soussignez, conseillers, médecins et chirurgiens ordinaires du Roy, certifions que le jour d'hier, mercredy, 2 de ce présent mois d'aoust 1589, environ les dix heures de nuit, suivant l'ordonnance de M. le grand prévost de France et hostel du Roy, nous avons veu et diligemment visité le corps mort de défunt de très-heureuse mémoire et très-chrétienne Henri III, vivant Roy de France et de Pologne; lequel était décédé le même jour environ les trois heures après minuit, à cause de la playe qu'il receut de la pointe d'un couteau au

(1) *Minute originale du procès-verbal de la mort d'Henri III,* Bibl. nat., Manusc. Supp. fr. 10196.

4

ventre inférieur au dessous du nombril, partie dextre, le mardy précédent sur les huit ou neuf heures du matin, et à raison des accidens qui survinrent à Sa Majesté très-chrétienne tost aprez icelle playe receue, de laquelle et accidens sus dits nous avons fait plus ample raport à justice.

« Et pour avoir plus ample cognoissance de la profondeur de la dite playe et des parties inférieures offenseez, nous avons faict ouverture du dit ventre inférieur avec la poitrine et tête. Après diligente visitation de toutes les parties contenues au ventre inférieur, nous avons trouvé une portion de l'intestin grêle nommé iléon, percé d'outre en outre selon la largeur du couteau, de la grandeur d'un pied, qui nous a été représenté saigneux plus de quatre doigts, revenant à l'endroit de la playe extérieure, et profondant plus avant, ayant vuidé une très-grande quantité de sang épandu par cette capacité, avec gros thrombus ou caillots de sang : nous avons aussi veu le mésentère percé en deux divers lieux, avec incision des veines et artères.

« Toutes les parties nobles, les naturelles et animales contenues en la poitrine, bien disposées et suivant l'âge bien tempérées, et sans aulcune lésion ni vice, excepté que toutes les sus dites parties (comme aussy les veines et artères tant grosses que petites) étoient exsangues et vuides de sang, lequel étoit très-abondamment sorti hors par ces playes internes, principalement du mésentère, et retenu dedans la dite capacité comme en un lieu étrange et contre nature : à raison de quoy la mort de nécessité, et en l'espace d'environ dix-huict heures, est advenue à Sa Majesté très-chrétienne, étant précédée de très-fréquentes foiblesses et douleurs extrêmes, suffocation, nausées, fiebvre continue, altération, soif inaltérable, avec très-grandes inquiétudes : lesquelles indispositions commencèrent un peu aprez le coup donné, et continuèrent ordinairement jusqu'au parfait et final syncope de la mort, laquelle pour les raisons et accidens sus dits, quelque diligence qu'on y eut pu apporter, étoit inévitable.

« Fait sous nos seings manuels, au camp de Saint-Cloud, près Paris, le jeudy matin, 3e d'aoust 1589.

« *Les médecins qui ont assisté* :

> *Signé* : Lefevre, Dortoman, Regnard, He-
> roard.

« *Les Chirurgiens qui l'ont embaumé* :

> *Signé* : Portail, Lavernot, D'Amboise,
> Vaudelon, Legendre (1).

(1) Guillemeau. *ouv. cit.*, p. 857.

LE DUC D'ALENÇON

1554-1584

Le cinquième fils d'Henri II était FRANÇOIS, DUC D'ALENÇON, né le 18 mars 1554.

Sa constitution était assez délicate : il avait eu la petite vérole dans son enfance et en portait de larges cicatrices.

En 1561, après le colloque de Poissy, il fut envoyé avec sa jeune sœur, Marguerite de Valois, à Amboise, où il séjourna pendant assez longtemps, au milieu d'une société de femmes et de courtisans.

En février 1563, — il avait alors neuf ans, — Catherine va le voir à Amboise et écrit de là que

François est un petit moricaud, ne rêvant que guerre et tempête.

Sa vie fut très-accidentée : c'était un mélange de fatigues, d'intrigues, de débauches.

Au physique, « il était petit, mais bien fait, le teint brun, le visage un peu bouffi et gasté de la petite vérole (1). »

En 1575, au mois de septembre, — il avait vingt et un ans, — à la suite de son mariage manqué avec la reine d'Angleterre et de désagréments dans le Brabant où il avait été envoyé comme duc, il revint à Château-Thierry où il établit sa résidence dans le château.

Après des vicissitudes de toute nature, des voyages, des intrigues politiques, nous le retrouvons neuf ans après à Château-Thierry. Au commencement de mars 1584, il eut une fièvre qui dura jusqu'au 13 mars, sans égalité, et fut suivie de crises, de flux de sang par le nez, par la bouche, « si continuel qu'il falloit assiduement tenir le bassin auquel il

(1) De Thou, *Ouv. cit.*, liv. LXXIX, p. 182, t. IX.

rendoit le pur et cler sang..... A la vérité il regorgeoit assiduement le sang dans le bassin que je tenois d'une main et de l'autre avec le mouchoir i'essuiois son visage et poitrine, à cause d'une sueur très-abondante, froide et sentant la mort;.... comme aussy ie luy voiois ià les narines resserrées, les yeux cavez et oyois le ralle et le sang qui l'étouffoit (1)..... » Puis le flux s'apaise, le sommeil revient.

On en prévint le roi Henri III. La reine-mère Catherine quitte Paris le 14 mars et vient en diligence à Château-Thierry. Le duc d'Alençon se rétablit un peu, « mais il recheut (1er mai) à cause d'une miette de pain demeurée en sa luette, qui luy causa un violent tousser et crachement de sang, de là en avant continua au lict, tantost bien, tantost mal, toutes fois mangeoit bien, mais rien ne se fortifioit au soubassement du corps, finalement le mesme jour que les médecins ayant veu l'opération d'une médecine eurent meilleure opinion de luy que

(1) Berson, Prédicateur du roi, *Regret funèbre*, etc., in-8°, Bib. Nat., pièce, Lb 34, 226, p. 10.

paravant (1)..... » Puis, si nous voulions ajouter
foi aux bavardages de cour, nous nous retrouverions
encore en présence d'historiens racontant « que le
sang luy sortoit de toutes les parties de son corps
comme à un homme qui seroit rompu quelques
veines en courant à cheval (2). » Et c'est De Thou
lui-même qui nous raconte ce détail qu'il n'a pas
vu, puisque près de trente lieues le séparaient du
malade. Mais le merveilleux et le poison jouaient
un rôle important à cette époque. Nevers (3) va jusqu'à attribuer la mort du duc d'Alençon à un bou-
quet empoisonné que lui fit sentir une femme avec
laquelle il avait couché.

Il se remit un peu, mais toutefois ne quittait
pas la chàmbre ou le lit. Le vendredi 8 juin, le
mal empira et le malade fit son testament (4).

« Sur le soir du samedi 9 juin, à huit heures, fut
saisy d'une courte aleine et d'un mal de costé et se
voioit ainsi atteint sans que personne luy en parlast,

(1) Berson, *Ouv. cit.*
(2) De Thou, *Ouv. cit.*, p. 182.
(3) Nevers, *Mémoires*, I, p. 163.
(4) Nevers, *Mém.*, p. 601.

m'envoyast quérir..... Or, estoit-il assommé d'un dormir léthargique, et saisy continuellement de sueurs continuelles..... » (1).

Le sommeil lui revint peu jusqu'à onze heures; il communia.

« Le dimanche 10 juin, sur le midy, Monsieur frère du Roy mouroit au chasteau de Chasteau-Thierry d'un flux de sang, accompagné de fiebvre lente qui l'avoit petit à petit attenué et rendu tout sec et éthique : il disoit que depuis qu'il avoit esté voir le Roy, à Caresme prenant, il n'avoit pas porté de santé et que cette veüe, avec la bonne chere qu'on luy avoit fait faire à Paris, lui coutoit bien cher, ce qui fit entrer beaucoup de gens en nouveaux discours et apprehensions : il n'avait que trente ans (2)..... »

« Ledict jour du lundy onziesme dudict mois fust ledict corps visité et ouvert par les chirurgiens, ès presence des médecins de leurs Majestés et aultres

(1) Berson, *ouv. cité.*
(2) L'Estoile, *Journal de Henri III*, I, p. 419.

et des principaux seigneurs de la suite de mondit seigneur. Et la nuit du lundy au mardy ledit corps embaumé, mis dans un cercueil de plomb (1). »

De Thou tient au poison ; il y revient avec insistance et s'appuie sur la déclaration des médecins « qui avoient trouvé des parties rongées et quelques autres marques de cette nature (2). » Un semblable rapport ne satisferait guère les médecins légistes et les tribunaux d'aujourd'hui.

En résumé, mauvais antécédents du côté des ascendants et des collatéraux, puis fatigues, débauches, excès de tous genres de la part du prince ; voilà pour les causes. La douleur de côté, la toux, les hémorrhagies abondantes, hématémèses, hémoptysies, épistaxis (sans doute par regorgement), la fièvre continue, lente, irrégulière ; voilà pour les symptômes. L'autopsie laisse beaucoup à désirer, car elle ne précise pas le siége des *parties rongées*.

(1) De Marle. Il était conseiller et maître d'hôtel du duc.
(2) De Thou, *ouv. cit.*, liv. LXXIX, p. 184.

Est-ce aux poumons, à l'estomac ou dans les intestins? Dans le doute, nous ne pouvons nous en ré-
férer qu'aux symptômes qui sont ceux de la phthisie
galopante. C'était, du reste, l'opinion des contemporains.

Ainsi s'éteignit, célibataire et sans postérité, à
l'âge de 3o ans, 2 mois et 23 jours, François, duc
d'Alençon, de Brabant et comte de Flandre, dernier
rejeton mâle de François Ier.

Comme les rois, les princes du sang avaient aussi
leur cour, leur maison civile, leurs seigneurs, leurs
familiers, leurs médecins. Les honoraires de ces
derniers n'étaient pas considérables.

On trouve dans les Mémoires de Nevers un état
dressé à Bourges, le 5 août 1576, établissant que
les dépenses pour les gages des seigneurs et gens de
la maison du duc d'Alençon s'élevaient à 263,710 livres : les médecins, chirurgiens, apothicaires et barbiers entraient pour une part assez minime dans les
frais de maison, 5,010 livres, savoir :

MÉDECINS :

Michel Vaterre, Ier médecin.	VĪ C livres.
Léonard Botal.	V C
Jean Bernard.	L
Cifflier.	L
Louis Le Bègue.	L
Nicolas Delin.	CC
Jean Asselineau.	X
Jean Ponrault dit Le Gravier.	X
Drouet	X
Gardette.	X
Le Roy.	X
Du Pont.	X
Jean Bernard d'Issoudun. .	X
Dallibourg	X
Violette.	X
Mathieu Moreau.	X

CHIRURGIENS :

François Lavernot.	IX.XX (180 liv.)
Gonnin Braille.	IX.XX

Pierre Legier . . . . . . IX.XX

Louis . . . . IX.XX

René Fouët d'Oton. . . . IX.XX

René Ciret . . . . IX.XX

Antoine . . . . IX.XX

Richard Hubert . . . . . IX.XX

Bertrand Rabeton . . . . IX.XX

Pigoy . . . . IX.XX

Nicolas Lavernot . . . . IX.XX

APOTHICAIRE:

Jean Du Bois CCCC

BARBIERS :

Pierre Relie, barbier ordinaire. IX.XX

Antoine de Croix. . . . . . IX.XX

Nicolas Ferrand . . . . . . IX.XX

Guillaume Arondeau. . . . IX.XX

Guillaume dit le Prince . . . IX.XX

Constantin de Confry . . . IX.XX

Mais il ne faut pas se faire illusion sur ces titres de médecins et de chirrugiens de la maison du roi ou des princes du sang. Il est évident que tous n'é-taient pas admis à l'honneur de tâter le pouls de leur royal client qui pouvait les choisir partout, même en dehors de la Faculté de Paris. Mais pour des médecins pris en dehors de cette Faculté, ce titre était un immense privilége, puisqu'il leur accordait le droit d'exercer leur art à Paris, comme s'ils avaient pris leurs grades à la rue de La Bûcherie, grand sujet de disputes aux seizième et dix-septième siècles. Aussi ces places, quoique rétribuées d'une façon plus que mesquine, étaient-elles fort enviées. Elles pouvaient se vendre et quelques-unes se payaient fort cher. Ainsi Seguin avait acheté à Guillemeau 50,000 livres sa place de médecin ordinaire du roi et il la vendit ensuite à Cureau de la Chambre, 22,000 écus, c'est-à-dire environ 132,000 fr. de notre monnaie.

CLAUDE DE FRANCE ET DE LORRAINE

1547-1575

La deuxième fille d'Henri II et de Catherine de Médicis était CLAUDE DE FRANCE, née à Fontaine-bleau le 12 novembre 1547 : elle épousa Charles II, duc de Lorraine, et mourut à Nancy en 1575 à l'âge de 27 ans (1).

De ce mariage sont nés neuf enfants, trois garçons et six filles.

1° L'aîné HENRI Ier n'eut pas d'enfants de son pre-

(1) *Conf.* Don Calmet, *Histoire de Lorraine.* — *Mémoires* de Beauveau.

mier mariage avec Catherine de Bourbon, sœur d'Henri IV roi de France. De son second mariage avec Marguerite de Gonzague, il eut trois enfants, un fils mort jeune et deux filles, *Nicole* et *Claude*.

2° Le deuxième fils fut CHARLES, évêque de Metz, qui mourut en 1607, à 40 ans.

3° Le troisième, FRANÇOIS II, hérita de la couronne ducale à défaut d'héritier mâle de son frère Henri Ier. Né en 1572, marié en 1597 à Christine de Salm, il eut six enfants, trois garçons et trois filles. De ces trois fils, l'aîné Henri mourut à 9 ans; le second, Charles III, épousa sa cousine germaine, Nicole, fille d'Henri Ier, dont il n'eut pas d'enfant, ce qui provoqua le divorce; le troisième, Nicolas François Ier, épousa également sa cousine germaine Claude, dont il eut quatre enfants, deux fils et deux filles. L'aîné, Ferdinand, mourut en 1659 à la suite de l'opération de la pierre ; le second, Charles IV, mourut en 1690, à l'âge de 42 ans, d'une affection cérébrale avec épanchement séreux. Les deux filles moururent, l'une à 1 an ; l'autre, Marie-Anne-Thérèse-Judith, à 13 ans.

*
* *

Voilà donc deux générations éteintes en 74 ans (1515-1589), bien que le nombre des enfants du père et des fils ait été considérable. Voilà une série de princes et de princesses mourant à la fleur de l'âge, les uns scrofuleux, les autres phthisiques; une seule fait exception, c'est Marguerite de Valois, première femme d'Henri IV, qui mourut âgée de 62 ans. Quel était donc le germe de mort qui a envahi toute cette race?

La transformation des diathèses par l'hérédité est une question qui a été souvent traitée et sur laquelle tous les pathologistes ne sont pas d'accord.

Les diathèses ne se transmettent pas toutes, en nature, des parents aux enfants : elles évoluent, c'est un fait incontestable. Mais toutes les diathèses ne peuvent se transformer les unes dans les autres : ainsi la syphilis ne se transforme pas en cancer, et nous ne trouvons aucun cancéreux dans la famille princière des Valois; la scrofule ne se transforme pas

5

en rhumatisme. Mais on est autorisé à croire qu'en passant des parents aux enfants la syphilis peut se changer en scrofules ; et ce qui légitime en quelque sorte cette manière de voir, c'est la similitude des manifestations de ces deux diathèses , affectant les mêmes tissus, produisant des lésions ayant entre elles beaucoup d'analogie, au point de se confondre quelquefois.

En résumé, on a fait la part trop large au poison et au merveilleux dans toutes ces morts royales ou princières. Il y a une loi de pathologie générale devant laquelle tous doivent s'incliner, princes ou vilains : cette loi c'est l'hérédité morbide, plus sûre dans les coups qu'elle porte que l'hérédité dynastique dans les couronnes qu'elle décerne. Excès ou fatigues chez ceux-ci, débauches chez ceux-là, alliances consanguines chez les autres, voilà les grands agents de destruction des familles princières ou bourgeoises ; voilà l'enseignement que nous donne l'histoire de notre pays depuis trois siècles; voilà l'une des applications politiques des grandes lois de la pathologie générale.

LES BOURBONS

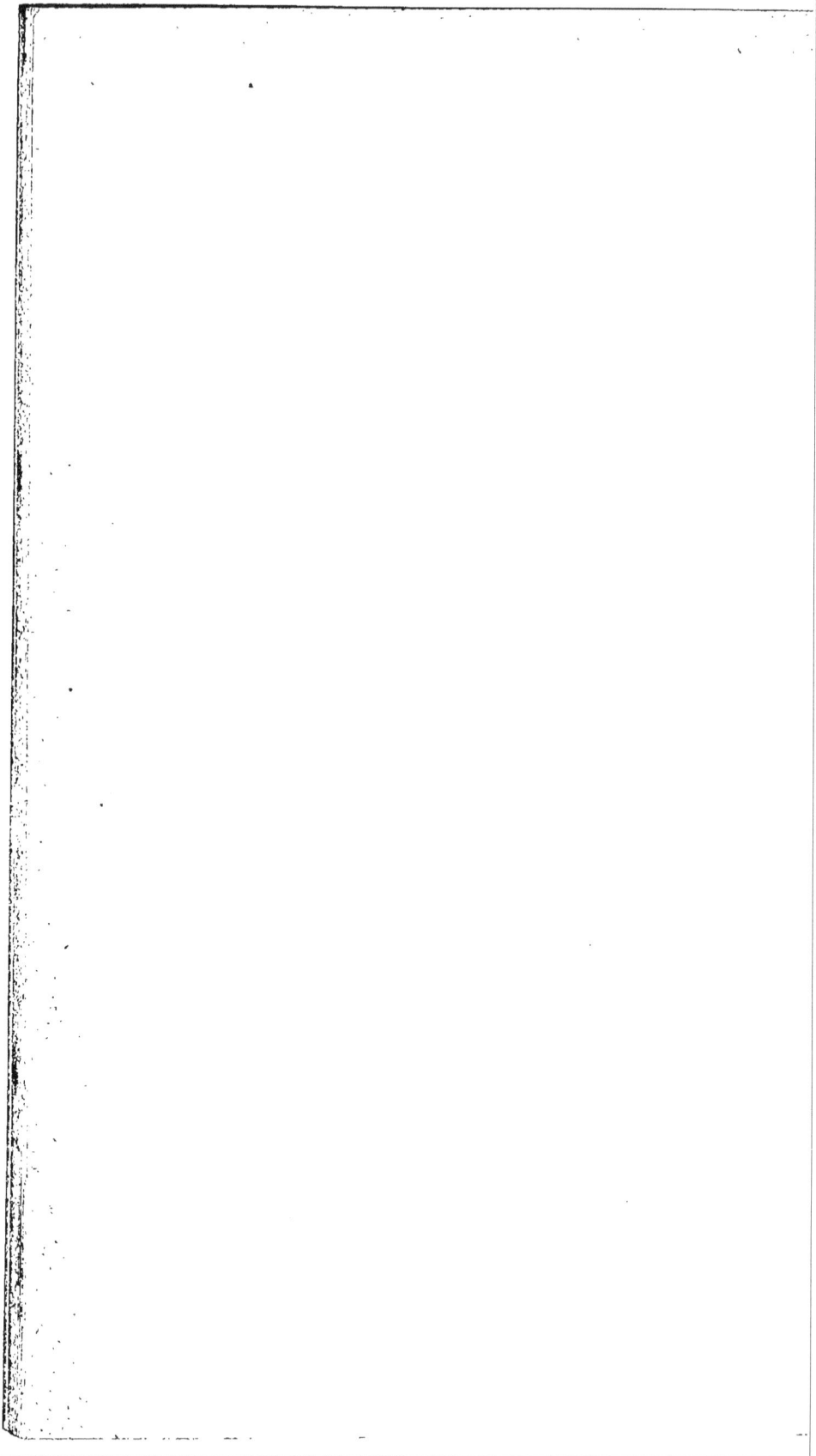

HENRI IV

1553-1610

Né au château de Pau le 13 décembre 1553, roi
de France depuis 1589, Henri IV s'apprêtait à
porter un dernier coup à la redoutable maison d'Autriche. Il allait se mettre à la tête de son armée et
son départ était fixé au mercredi 19 mai 1610. Mais
avant de quitter Paris, il avait lui-même réglé les
cérémonies du sacre et du couronnement de la reine
Marie de Médicis, qui eurent lieu à Saint-Denis, le
jeudi 13 mai.

Il avait ainsi disposé le temps qui lui restait à
passer à Paris : « Vendredy, mettre ordre à ses affaires; samedy, courir ; dimanche, l'entrée de la reine ;

lundy, les noces de sa fille de Vendôme ; mardy, fes-
tin ; mercredy, à cheval. »

Le vendredi 14 mai 1610, le Roi s'occupa dans la
matinée des affaires de l'État, alla entendre la messe
dans l'église des Feuillants et revint dîner au Louvre. Après le repas, il fit demander son carrosse
pour sortir, et embrassa plusieurs fois la reine. La
chaleur était forte, on prit un carrosse ouvert. Il y
monta avec les ducs d'Épernon, de Montbazon et cinq
autres seigneurs. Il occupait le fond de la voiture à
gauche ; à sa droite était d'Épernon ; à la portière
de son côté le duc de Montbazon qui le touchait et
le marquis de la Force ; à l'autre portière étaient le
comte de Roquelaure et le maréchal de Lavardin ;
sur le devant se tenaient le marquis de Mirebeau et
le premier écuyer de Liancourt.

Chemin faisant, il donna ordre de le conduire à

7	8
5	6
3	4
1	2

1. Henri IV.
2. Duc d'Épernon.
3. Duc de Montbazon.
4. Comte de Roquelaure.
5. Marquis de la Force.
6. M^{al} de Lavardin.
7. Marquis de Mirebeau.
8. De Liancourt.

l'Arsenal où il voulait voir Sully qui était malade. Son escorte était peu nombreuse; elle se composait de quelques valets de pied, qui marchaient à droite et à gauche et d'un petit nombre de gentilshommes à cheval qui suivaient. Deux charrettes se rencontrent avec le carrosse royal au point de jonction des rues Saint-Honoré et de la Ferronnerie. La rue était tellement étroite à cet endroit que le carrosse dut raser les boutiques des marchands de ferraille adossées au mur du cimetière des Innocents et que les valets furent obligés de passer par le cimetière. En ce moment, le Roi qui avait à parler à d'Épernon, placé à sa droite, se pencha vers lui; il avait la main gauche posée sur l'épaule de Montbazon, qui par discrétion détourna la tête, ce qui mettait à découvert tout le flanc gauche du Roi. C'est alors que se glissant entre les boutiques sans être vu de personne, Ravaillac met le pied sur la roue du côté gauche, se cramponne au carrosse d'une main et de l'autre enfonce deux fois, coup sur coup, un long couteau dans le côté gauche du Roi. Henri IV pousse un cri, il dit qu'il est blessé, puis que ce n'est rien. D'Épernon le soutient, un flot de sang s'écoule par la bouche ; le Roi était mort. On ferme le carrosse et on ramène au Louvre le monarque as-sassiné. Il était environ trois heures de l'après-midi : Henri était âgé de 56 ans 5 mois et un jour (1).

L'autopsie fut faite le lendemain ; le corps fut em-baumé et le cœur porté dans l'église du couvent des Jésuites de la Flèche, aujourd'hui le Prytanée mili-taire.

Le 18 mai, les entrailles furent portées solennel-lement à Saint-Denis ; le corps fut exposé pendant dix-huit jours au Louvre, puis enfermé dans un cercueil recouvert d'un drap de velours noir avec croix de satin blanc aux armes de France et de Na-varre. Le 29 juin les funérailles eurent lieu à Paris et le 30 le corps fut porté à Saint-Denis, d'où il fut exhumé le samedi 12 octobre 1793 et trouvé en parfait état de conservation (2).

(1) Biblioth. nationale. Voir aux Manuscrits, n° 23351, l'in-terrogatoire de Ravaillac, ancien fond St-Victor, 416.

(2) *Georges D'Heilly*. — Extraction des cercueils royaux en 1793.

Procès-verbal d'autopsie.

« Rapport de l'ouverture du corps du roy deffunct,
« Henry-le-Grand, IV de ce nom, roy de France,
« qui a esté faicte le quinziesme jour de may, en
« l'an mil six cens dix, à quatre heures du soir ;
« ayant esté blessé le jour précédent d'un cousteau,
« estant dans son carrosse, dont il seroit décédé in-
« continent, après avoir dit quelques parolles et
« jetté le sang par la bouche.

« S'est trouvé par les médecins et chirurgiens
« soussignez ce qui suit :

« Une playe au costé gauche, entre l'aisselle et la
« mammelle, sur la deuxiesme et troisiesme coste
« d'en haut, d'entrée du travers d'un doigt, coulant
« sur le muscle pectoral vers ladite mammelle, de
« la longueur de quatre doigts, sans pénétrer au de-
« dans de la poitrine.

« L'autre playe au plus bas lieu, entre la 5e et 6e
« coste au milieu du mesme costé, d'entrée de deux
« travers de doigts, pénétrant la poitrine, et perçant

« l'un des lobes du poumon gauche, et de là coupant

« le tronc de l'artère veineuse, à y mettre le petit

« doigt, un peu au-dessus de l'oreille gauche du

« cœur : de cet endroit, l'un et l'autre poumon a

« tiré le sang, qu'il a jetté à flots par la bouche, et

« du surplus se sont tellement remplis, qu'ils s'en

« sont trouvé tout noirs comme d'une échimose.

« Il s'est trouvé aussi quantité de sang caillé en

« la cavité de ladite poitrine, et quelque peu au ven-

« tricule droit du cœur ; lequel, ensemble les grands

« vaisseaux qui en sortent, étoient tous affaissez de

« l'évacuation ; et la veine-cave, au droit du coup,

« fort près du cœur, a paru noircie de la contusion

« faite par la pointe du couteau.

« Par quoi tous ont jugé que cette playe étoit seule

« et nécessaire cause de la mort.

« Toutes les autres parties du corps se sont trou-

« vées fort entières et saines, comme tout le corps

« étoit de très-bonne température et de très-belle

« structure.

« Fait à Paris les jour et an que dessus.

« *Médecins du Roy* :

« A. Petit, A. Milon, De Lorme, Regnard, Héroard, Lemaistre, Falaiseau, De Maïerne, Hubert, Lemirrhe, Carré, Aubéri, Yvelin, Delorme le jeune, Hautin, Pena, Lusson, Sequin.

« *Chirurgiens du Roy* :

« Martel, Pigray, Guillemeau, Regnaud, Gardé, Philippes, Jarvet, Delanoue, Joubard, Bérart, Bachelier, Robillard. » (1)

(1) Guillemeau. — *Ouv. cité*, p. 859. — Chéreau. — *Les médecins de Henri IV*, Union médicale, 1864, nᵒˢ 49, 50, 51.

LOUIS XIII

1601-1643

Henri IV laissait en mourant une veuve, Marie de Médicis, dont il avait eu six enfants, trois garçons et trois filles, savoir :

Louis XIII, né en 1601 ;

Élisabeth de France, née en 1602 ;

Christine de France, née en 1604 ;

Duc d'Orléans, né en 1607 ;

Gaston d'Orléans, né en 1608 ;

Henriette Marie, née en 1609.

I

Louis XIII est né à Fontainebleau le 27 septem-

bre 1601. La respiration ne s'établissait pas facile-
ment. La sage-femme, Louise Bourgeois, dame
Boursier, qui accoucha la reine, nous raconte (1)
qu'elle dut jeter du vin au visage de l'enfant, après
en avoir toutefois demandé la permission au roi qui
lui dit de faire comme chez les autres femmes. Le
chirurgien Guillemeau fit avaler une petite cuillerée
de vin au nouveau-né ; on lui lava le corps et la
tête avec du vin vermeil et de l'huile ; il poussa un
cri et respira.

Son enfance n'eut rien de remarquable au point
de vue qui nous intéresse. C'était un « enfant grand
« de corps, gros d'ossements, fort musculeux, bien
« nourri, fort poli, de couleur rougeâtre et vigoureux,
« tout ce que l'on peut penser pour cette petite âge.
« Il avait la tête bien formée, de bonne grosseur,
« couverte de poil noirâtre, les yeux tannés, le nez
« un peu enfoncé vers sa racine, épaté et relevé par

(1) Coll. Michaud et Poujoulat, XI, 1ʳᵉ série. — Nous avons
vu chez le Dʳ Payen une pièce en parchemin signée du roi
Henri IV par laquelle il donnait ordre de payer « à Louise
Bourgeois, femme de Martin Boursier... la somme de cinq
cens escus sol pour avoir servy de sage femme à la Royne. »

« le bout, les oreilles de moyenne grandeur et bor-
« dées.... (1). » Il avait eu quatre nourrices en moins
de quatre mois, les mettait presque à sec, fut opéré
du filet par le chirurgien Guillemeau, souffrit pour
la première fois des dents la nuit du 13 avril 1602,
et fut sevré à quatorze mois, en novembre de la
même année. Au moral, c'était un enfant volontaire,
capricieux, opiniâtre, d'un esprit remuant et actif,
tombant quelquefois dans des accès de rêverie mélancolique. Il avait le sommeil fréquemment agité
par des cauchemars qui allaient quelquefois jusqu'au
somnambulisme. Il fut élevé d'une façon assez singulière et on ne lui ménageait pas la punition corpo-
relle, car il reçut très-souvent le fouet, même étant
roi de France. Quand des mains des femmes il passa
entre celles des hommes, il eut pour gouverneur de
Souvré et pour ami le jeune de Luynes qui avait
vingt-trois ans de plus que lui; mais personne ne
paraît l'avoir plus aimé que son médecin Héroard.
Il travaillait peu, s'occupait de ses oiseaux, savait

(1) *Journal d'Héroard.*

faire, d'après Tallemand des Réaux, des canons de
cuivre, des lacets, des filets, des arquebuses, de la
monnaie, des confitures.

Il s'entendait au jardinage, savait parfaitement
raser, à tel point qu'un jour il coupa la barbe à tous
ses officiers et ne leur laissa qu'une barbiche au
menton. On fit une chanson à ce sujet. Enfin il
composait en musique, peignait un peu et faisait
des châssis avec M. de Noyers. Voilà bien des qua-
lités pour un prince qui devait régner sur la France!
C'est que ceux qui l'élevaient ainsi y trouvaient
leur profit.

Quand Louis XIII fut majeur, c'est-à-dire à quatorze ans, on le maria, le 25 novembre 1615, à l'Infante d'Espagne, Anne d'Autriche, fille de Philippe III. La cérémonie religieuse eut lieu à
Bordeaux et le soir on fit coucher les deux enfants
dans le même lit, « mais pour la forme seulement »,
car les deux nourrices restèrent dans la chambre
des mariés.

Le lundi 31 octobre 1616, Louis XIII fut sérieu-
sement malade; il perdit connaissance, eut une con-

vulsion et fut saigné le lendemain pour la première fois par Ménard, chirurgien de la reine mère. C'est, d'après Bassompierre, au mois de février 1619 que remontent les premiers rapports de Louis XIII avec sa jeune épouse. Il avait dix-huit ans. Le roi y aurait apporté sa timidité habituelle, au grand mécontentement de la reine (1).

Voici comment le médecin Héroard raconte cette entrevue dans son journal.

— « Le 25 *vendredi*. — Mis au lit, prié Dieu. A
« onze heures ou environ, sans qu'il y pensât, M. de
« Luynes vient pour le persuader de coucher avec
« la reine. Il résiste fort et ferme, par effort, jus-
« ques aux larmes, y est emporté, couché, s'efforce
« deux fois, comme l'on dit, *hæc omnia nec inscio.*
« A deux heures il revient ; dévestu, mis au lit ; il
« s'endort jusqu'à neuf heures du matin. » Arnaud
d'Andilly dans son journal dit que De Luynes porta
le roi dans ses bras, que de Bérenghem portait le
flambeau, que Stéphanille, femme de chambre es-

(1) Voyez : *Le roi chez la reine, ou Histoire du mariage de Louis XIII,* par Armand Baschet, 1866, in-12.

pagnole, sortit alors de la chambre de la reine, mais que madame De Bellelièvre, première femme de chambre de la reine, resta seule.

Cependant en 1622 Anne devint grosse ; mais le mercredi 16 avril elle fit une fausse couche de six semaines, sans doute à cause de son inexpérience et par suite d'une chute que lui fit faire sa jeune amie, la légère et turbulente duchesse de Luynes.

Dur, brusque, mélancolique, ombrageux, timide à l'excès, Louis XIII fut cependant, dès le commencement de son mariage, circonvenu par la jeune duchesse de Luynes. N'ayant pas réussi, elle s'en vengea en inspirant à la reine l'amour des plaisirs. C'est à cette époque que se rattachent les assiduités de l'ambassadeur Buckingham. Naturellement le roi devint jaloux, bien que ces assiduités ne fussent que de la galanterie.

Le roi était peu enclin aux plaisirs de l'amour. C'était un mari sévère, pieux, prodigue, incapable à tel point de désirs criminels « qu'il pouvait même se passer des plaisirs permis » (1). On disait alors

(1) Bazin, *Histoire de Louis XIII*, t. II, p. 444.

qu'il n'était amoureux que depuis la ceinture jusqu'en haut. Ses assiduités auprès de Marie de Hau-
tefort et de Louise de Lafayette étaient de l'amour
platonique. Néanmoins, cette dernière, jeune et
rieuse fille de dix-sept ans, craignant de succomber,
alla s'enfermer au couvent de la Visitation.

Cependant cette froideur du roi ne laissa pas que
de donner de graves inquiétudes et de grandes préoc-
cupations dynastiques. Anne d'Autriche, paraît-il,
aurait songé à faire déclarer nul son mariage, à
faire détrôner le roi et à épouser son frère Gaston
d'Orléans. C'est ce qui transpira lors du procès de
Henry de Talleyrand, marquis de Chalais, qui fut
exécuté en 1626. C'est Richelieu qui s'y serait op-
posé, et pour cause.

Le mardi 6 juillet 1627, au moment où il se dis-
posait à partir pour l'expédition contre la Rochelle
Louis XIII tombe malade. Il a une fièvre intense,
avec frissons, claquements de dents. Les médecins
ne furent pas tout à fait d'accord sur la nature de la
maladie ; mais la fièvre continuant, le malade fut
saigné le 20 juillet par le chirurgien Boutin. Le

1er août la fièvre continuait avec les stades de frisson, chaleur et sueurs ; on prescrivit des eaux pur-
gatives, des demi-bains. Le 19 août un point de
côté se déclare à _gauche_, saignée de 6 onces le 21.
Le 31 la fièvre a disparu.

En 1628, au camp d'Aytré, devant la Rochelle,
nouvelle maladie du roi, pour laquelle on mande
en hâte son vieux médecin Héroard : une saignée
fut ordonnée et le roi se rétablit.

Au commencement de juillet 1630, lors de la
guerre de Savoie, le roi, parti pour la campagne,
tombe malade à Saint-Jean de Maurienne. Il a la
fièvre, on le saigne le 5, on le purge le 13 ; le 19 la
fièvre est plus forte ; le 25 il est mieux et quitte
Saint-Jean de Maurienne. On ne savait pas trop ce
qu'il avait, quand le 21 août on trouva que c'était
un abcès qui s'était ouvert par le bas (1).

Malgré cette évacuation, la santé du roi était toujours chancelante. Au mois de septembre de la
même année, nouvelle indisposition. Le roi éprou-

(1) Bassompierre, _Mém._, p. 319.

vait depuis quelque temps des accès de fièvre ; mais le 25, la fièvre fut tellement violente et le malade tellement abattu, qu'on commença à désespérer de lui. Le 27 on le croyait perdu ; mais le 1ᵉʳ octobre la fièvre diminua et l'amélioration fut prompte.

En 1637, au mois de décembre, la reine devint enfin grosse. Comment cela se passa-t-il ?

Madame de Motteville raconte dans ses Mémoires que Louis XIII était demeuré tard au couvent de la Visitation, auprès de mademoiselle de Lafayette, sa favorite. Le temps fort mauvais l'empêchant d'aller à Saint-Germain, il se retira au Louvre, et n'y trouvant pas d'autre lit que celui de la reine, il fut obligé de le partager avec elle.

Voilà qui est peu vraisemblable.

Dreux du Radier (1) va plus loin encore, car il prétend qu'il y avait besoin pour la reine de faire légitimer une grossesse illégitime. Quoi qu'il en soit, les rapprochements avaient eu lieu et Louis XIII allait avoir un héritier. La reine, après une stérilité

(1) *Dreux du Radier*, Anecdotes des Reines et régentes VI, p. 279, 34

de seize ans, accoucha le 5 septembre 1638 à Saint-Germain d'un fils qui fut Louis XIV.

Au commencement de 1640, le roi eut un accès violent de goutte qui le força de garder le lit. Il en avait eu déjà quelques accès. Il prit goût à la paternité, car cette même année Anne d'Autriche accoucha du duc d'Anjou, qui fut plus tard le duc d'Orléans.

Mais en 1643 la santé du roi déclina. Cependant celui-là avait de bons antécédents de famille, car son père est mort accidentellement à cinquante-trois ans ; sa mère Marie de Médicis à soixante-neuf ans ; son frère d'Orléans à quatre ans ; son frère Gaston d'Orléans à cinquante-deux ans ; sa sœur Élisabeth, femme de Philippe IV, à quarante-deux ans ; sa sœur-Christine, femme de Victor-Amédée de Savoie, à cinquante-neuf ans ; et sa sœur Henriette, veuve de Charles 1er d'Angleterre, à soixante ans. En outre sa vie avait été régulière : il ignorait les excès, les fatigues : le principal reproche qu'on peut lui faire, c'était de manger un peu trop. Il régnait, mais c'est Richelieu qui gouvernait et portait tout le poids du trône et des affaires.

Le samedi 21 février 1643, le roi tomba malade, avec « flux hépatique » (1).

Jusqu'à la fin du mois l'état est le même.

1ᵉʳ *avril*. — Le malade reste levé toute la journée et s'amuse à peindre quelques petits dessins.

3 *avril*. — Il se promène un peu, est obligé de s'asseoir tous les quinze ou vingt pas. Ce fut sa dernière promenade. A partir de cette époque il ne s'habilla plus.

19 *avril*. — Moins bien : il dit qu'il sent la gravité de son mal.

20 *avril, lundi*. — La maladie du roi ayant un caractère sérieux, le premier médecin, Bouvard, et les médecins ordinaires, Chicot, Vautier (2) et Conrad, demandent en consultation Michel Delavigne, doyen de la Faculté de Paris, et René Moreau, son collègue. Le malade a déjà maigri

---

(1) *Mém. de Dubois*, coll. Michaud et Poujoulat, 1ʳᵉ série, t. XI, p. 529.
(2) Vautier était médecin de la reine.

considérablement : il a une petite toux sèche, avec redoublements fébriles quotidiens, d'abord vers dix ou onze heures du matin, puis vers deux heures de l'après-midi. Selles abondantes, bilieuses, purulentes et fétides. — Les médecins ont reconnu le danger de la maladie qu'ils appellent *flux hépatique* et *fièvre éthique*. Le roi fait déclarer la reine régente.

21 *avril*. — Mauvaise nuit : évacuations nombreuses. On fait baptiser le dauphin Louis.

22 *avril*. — Mauvaise nuit.

23 *avril*. — Même état : le roi est administré à six heures et demie du matin,

24 *avril*. — Un peu d'amélioration : on prescrit une prise de rhubarbe que le malade refuse de prendre : il se contente de gelées ; un peu mieux le soir.

25 *avril*. — Un peu de mieux : bonne journée.

26 *avril*. — Assez bien.

27 *avril*. — Mauvaise nuit.

29 *avril*. — Mieux.

30 *avril*. — Assez bien.

1er *mai*. — Mauvaise nuit, mauvaise journée.

2 *mai.* — Mal.

4 *mai.* — Même état.

5 *mai.* — La fièvre redouble chaque jour vers deux heures : insomnie; pas de rêvasseries.

6 *mai.* — Très-mal.

8 *mai.* — Très-mal : le malade parle difficilement; il ne prend rien : le soir vomissements bilieux, abondants.

9 *mai.* — Très-mauvaise journée. A neuf heures du soir, assoupissement.

10 *mai, dimanche.* — Très-mal. On voulut faire prendre au malade un peu de gelée fondue à l'aide d'un vase à bec recourbé. Vers quatre heures, il sommeille, la bouche et les yeux entr'ouverts. Vers six heures, il s'éveille en sursaut et dit qu'il vient de rêver que le duc d'Enghien a remporté une victoire sur les Espagnols. A dix heures, assoupissement et refroidissement notable. De trois à quatre heures du matin, il se plaint d'une douleur très-violente au côté gauche. On lui applique sur le point douloureux une vessie de porc pleine de lait chaud.

La douleur diminue d'intensité, mais s'étend davantage. Vomissements.

11 *mai*. — Très - mauvaise journée ; douleurs vives, toux fatigante. Pour boissons : orge mondé, petit-lait. La toux cesse un peu, le sommeil revient, mais bientôt les douleurs abdominales reparaissent plus intenses.

12 *mai*. — Mal ; le roi communie.

13 *mai*. — Très-mauvaise journée. Selles purulentes, extrêmement fétides, nauséabondes. Le soir, rêvasseries, paroles entrecoupées, mussitation. A deux heures du matin, il retombe dans l'assoupissement.

14 *mai*. — Syncope. Le malade demande à Bouvard si le moment de la mort est proche. — « Sire, répond le premier médecin, je crois que ce sera bientôt que Dieu délivrera Votre Majesté ; je ne retrouve plus de pouls. » — L'agonie commence bientôt ; hoquets éloignés. A deux heures trois quarts, le jeudi, jour de l'Ascension, le roi rend le dernier soupir à Saint-Germain, trente - trois ans après son père

Henri IV, le même jour (14 mai) et presque à la même heure.

Il était âgé de quarante-deux ans.

Le lendemain 15 mai, on procéda à l'autopsie. Le corps fut placé sur une table dans la galerie. Deux bassins furent déposés sur le billard pour recevoir, l'un les entrailles, l'autre le foie, la rate et le cœur. Les chirurgiens procédèrent à l'ouverture et le procès-verbal fut rédigé en assez mauvais latin.

Ce n'est pas aux historiens contemporains qu'il faut demander ce procès-verbal, car il n'est pas imprimé. On le trouve manuscrit, au volume XIII, f° 173, des *Commentaires de la Faculté de médecine de Paris*, volumineux manuscrits in-f° reliés en parchemin qui contiennent toute l'histoire de la Faculté de Paris depuis 1395 et sont à la bibliothèque de la Faculté de médecine. Ces *Commentaires*, rédigés par les soins des doyens, contiennent tous les faits qui intéressent la corporation, les notes des examens, des dépenses, etc., etc.

Procès-verbal d'autopsie.

« Le jour suivant, à la sixième heure du matin, le corps du roi défunt fut ouvert en présence de sérénissime prince Monseigneur de Nemours, maréchal-général des camps, de M. de Vitry, de M. de Souvré, premier chambellan, des chambellans ordinaires, des premiers médecins du roi et de la reine et des médecins et chirurgiens ordinaires des deux côtés. On trouva de nombreux ulcères purulents, sanieux, tabescens, situés en différents endroits, dans le mésocolon, dans les petits intestins. Il y en avait un à l'extrémité du colon, et qui avait rongé et perforé l'intestin, d'où une grande collection purulente provenant des glandes et des vaisseaux putréfiés du mésocolon s'était accumulée dans le bas-ventre et aurait pu emplir trois demi-setiers, mesure de Paris. Dans le rein droit, on trouva un abcès, mais petit, et qui n'a dû avoir aucune influence sur la maladie. Au fond de l'estomac, étaient un abcès un peu plus grand et plusieurs autres très-

petits, bruns, fuligineux, verdâtres, noirâtres, ana-
logues à ceux qu'on a observés sur tout le canal in-
testinal. La vésicule du fiel, adhérente au foie, était
presque vide. Le foie était desséché et ratatiné,
pressé-contre les parois abdominales et s'écrasant en
grumeaux. Le lobe du poumon gauche était adhérent à la plèvre par une caverne grande et profonde,
pleine de pus.

« Voilà ce qu'ont observé scrupuleusement le
doyen de la Faculté de médecine, Michel Delavigne,
et René Moreau, docteur-médecin et professeur
royal, qui tous deux, pendant l'espace de vingt-six
jours, ont avec les médecins susnommés donné leurs
soins au roi très-chrétien, appelés de Paris comme
consultants le lundi 20 avril de l'an du Seigneur 1643. »

En rapprochant les symptômes des lésions obser-
vées à l'autopsie, nous pouvons établir que Louis XIII
n'est pas mort d'un flux hépatique, comme on le
croyait, mais qu'il a succombé à une phthisie galopante ; — qu'il y avait une caverne purulente à

gauche avec pleurésie consécutive et adhérences ; — qu'il y avait dans les intestins de nombreuses ulcérations tuberculeuses, ce qui nous explique la diarrhée persistante ; — que la perforation intestinale, nous rend raison des douleurs abdominales ; — et qu'enfin nous trouvons dans les ulcérations stomacales la cause des vomissements purulents et fétides.

II

La maison médicale de Louis XIII était montée sur un pied qui ne laissait rien à désirer, quant au nombre des médecins.

Outre le premier médecin, qui, de 1610 à 1628, fut Jean Héroard, puis de 1628 à 1643 Charles Bouvard, nous trouvons comme médecins ordinaires, d'abord Jean Delorme, puis Charles Delorme, de 1610 à 1630, et ensuite Charles Guillemeau, de 1630 à 1643.

Le nombre des médecins par quartier était de huit ; c'étaient, de 1610 à 1643 :

Jean Regnard, Adam Falaiseau, Simon Letellier,

Étienne Hubert, Turquet de Mayerne, Maurice Joyau, Jean Lemire, Simon Courtaud, René Chartier, Jean Chartier, Jean de Gorris père, Jean de Gorris fils, Jean Chicot père, Jean Chicot fils, Léonard de Gorris, Pierre Privat, Jacques Cousinot, Charles Senelle, Anselme Bicquet, Antoine Baralis, Urbain Bodineau, Augustin Conrad.

Il y avait en outre une quarantaine de médecins n'ayant pas de quartier.

Le registre des *Commentaires de la Faculté de Paris* (vol. XIII) donne en 1642, comme médecins du roi :

Bouvard, Letellier, Chartier, de Gorris, Baralis, Cousinot, Guillemeau, Bodineau.

Les autres étaient sans doute des médecins étrangers à la Faculté de Paris.

Il y avait un *médecin spagiriste ;* c'était Guillaume Yvelin, auquel succéda Pierre Yvelin en 1611. Les médecins spagiristes prétendaient expliquer les changements qui s'opèrent dans les corps en santé et en maladie, comme les chimistes de l'époque expliquaient les changements du règne inorganique.

Le premier chirurgien fut François Martel, auquel succédèrent Jean Legrand en 1631, et Jean-Baptiste Bontemps en 1626.

Des chirurgiens ordinaires, Pierre Pigray et Jean Groult, Pierre Pigray seul mérite une mention très-honorable.

Joignons à cette liste huit chirurgiens par quartier, quatre apothicaires, quatre aides-apothicaires, un apothicaire-distillateur, trois renoueurs ou rebouteurs, un oculiste, un opérateur pour la pierre (grand appareil), un pour la pierre (petit appareil), et nous verrons qu'on avait ainsi largement pourvu à tout pour la santé royale.

Je cite tous ces noms afin de montrer qu'au XVIIe siècle, à peu près comme au XIXe siècle, à part quelques exceptions, les médecins ayant une charge à la Cour n'étaient pas toujours ceux dont la postérité scientifique conservera le nom, et depuis trois quarts de siècle nous avons trouvé auprès des souverains quelques demi-célébrités médicales marquées au même coin de fabrique.

Voici d'abord *Jean Héroard*, le premier médecin du roi. Fils d'un barbier de Montpellier, il est inscrit sur les registres de cette faculté le 27 août 1571. Reçu docteur en médecine en 1575, à l'âge de vingt-cinq ans, il dut à la protection d'Ambroise Paré d'être placé auprès de Charles IX ; puis il devint médecin ordinaire d'Henri III, d'Henri IV, et fut nommé, par ce dernier, médecin du dauphin, dont il devint le premier médecin lors de son avénement au trône. Son amitié pour l'enfant est vraiment touchante : le jeune prince la lui rendait bien. Héroard surveillait et soignait son jeune client avec une sollicitude sans égale. Chaque jour il inscrivait sur un journal, qui nous est conservé, tout ce qui concernait le jeune prince. Ce journal constitue six gros volumes in-f°, écrits au jour le jour, par Héroard lui-même, et se trouve à la Bibliothèque nationale, dépôt des manuscrits, n°s 4022 à 4027. Si Héroard n'était pas un savant, il était au moins un médecin consciencieux, et il est curieux de voir la minutie avec laquelle il s'occupe de la santé de son client. Il indique pour chaque jour l'heure de réveil

du roi, l'état de son pouls, de son visage, de ses urines et de son moral. Il nous fait assister à sa toilette, à son repas, note ce qu'il mange, ce qu'il boit, et cela avec une précision qui ne laisse rien à désirer. On sait combien le souverain a mangé de grains de raisin, combien de gâteaux, etc. Et tout cela est ainsi noté scrupuleusement, quotidiennement, pendant vingt-sept ans ! Tout y est indiqué, les lavements, les médecines, les saignées, au point de contenter et au delà les plus exigeants. Michelet traite ironiquement le journal d'Héroard de Journal des digestions de Louis XIII.

Jean Héroard ne quittait pas son souverain ; il le suivait partout, en voyage, à la guerre. Sa position, quelque solide qu'elle fût, ne laissa pas d'être pour lui un sujet de chagrins amers ; car il fut en butte à la jalousie de ses confrères et surtout à celle de Charles Guillemeau qui ne cessa de blâmer ouvertement la conduite d'Héroard « dans toutes les incommodités du roi et de le poursuivre de ses basses manœuvres et de ses sourdes détractions » (Eloy). D'après Arnauld d'Andilly, il eut des ennemis acharnés à la cour.

Le dernier bulletin de la santé du roi rédigé par Héroard porte la date du 29 janvier 1628, au camp d'Aytré devant La Rochelle. Il est assez curieux pour être rapporté, et nous donne une idée de ce que contiennent les six volumes manuscrits d'Héroard.

« Le 29 *janvier, samedi.* — Éveillé à six heures après minuit, doucement levé, bon visage, gai, pissé jaune, assez peigné, vestu, prié Dieu, altéré, ne veut point de bouillon, prend son julep d'eau d'orge et du jus de citron ; va à la messe, se va promener à pied à la digue, revient à dix heures ; dîne, deux pommes cuites sucrées, chapon pour potage et pain bouilli, veau bouilli, la moëlle d'un os, potage simple confit et jus de citron, hachis de chapon avec pain émié, gelée, le dedans d'une tarte à la pomme ; une poire confite, trois cornets d'oubli, pain assez, bu du vin clairet fort trempé, dragées de fenouil la petite cuillerée. Va à sa chambre et à midi va à pied à La Malmète ; revient à quatre heures, va à son cabinet ; à six heures, soupe, potage et hachis de chapon et jus de veau, potage confit avec jus de veau, veau bouilli, la moelle d'un os, les pilons. »

Ce fut la dernière visite d'Héroard à Louis XIII ; la journée du 30 a été écrite par une main étrangère. Après dix jours de maladie, le 8 février 1628, Jean Héroard, seigneur de Vaugrigneuse, premier médecin et conseiller du roi en ses conseils, succomba à l'âge de soixante-dix-huit ans, et fut inhumé dans l'église de Vaugrigneuse.

Dans sa pratique médicale, Héroard saignait moins que ses collègues et employait davantage les cordiaux et les spécifiques.

Outre son journal, dont les parties les plus saisissantes et les moins médicales ont été récemment publiées, Héroard a laissé un traité d'*Hippostologie* et un traité de l'*Institution du Prince*, sous forme de dialogue en six matinées entre Héroard et M. de Souvré, gouverneur du jeune prince.

A Jean Héroard succéda *Charles Bouvard* comme premier médecin. Nous pouvons nous demander ce qu'il a laissé. Guy Patin n'en dit pas grand mal, ce

qui ne prouve rien. Il a acquis une grande fortune,
il est vrai ; mais son bagage scientifique est bien
léger. Il poussait l'amour de son art jusqu'au fana-
tisme, car Amelot de La Houssaye (1) — en qui
toutefois il ne faut avoir qu'une foi bien médiocre
— prétend qu'en une seule année, il fit prendre à
Louis XIII, 215 médecines, 212 lavements et lui fit
pratiquer 47 saignées. Et qu'on dise que la royauté
n'avait pas la vie dure pour résister à de pareils
traitements !.. Nos confrères du reste ne se ména-
geaient pas eux-mêmes, car Guy Patin, dans sa
lettre III, nous apprend que Cousinot, d'après les
conseils de Bouvard, son beau-père, fut saigné 64
fois en huit mois pour un violent rhumatisme. Et
Cousinot vécut encore treize ans ! A temps perdu,
Bouvard ne dédaignait pas la poésie : il composait
des vers fort médiocres dont on a conservé un spé-
cimen, c'est la *Description de la maladie, de la
mort et de la vie de madame la duchesse de Mer-
cœur.* A part le bon goût, rien n'y manque, rien, pas
même la description de l'autopsie.

(1) *Mém. litt.*, I, p. 518, éd. Amsterdam, 1722.

« Après que de son corps son âme fut sortie,
Et que sa chaleur fut tout entière amortie,
Monsieur se résolut, avant que l'inhumer,
De faire ouvrir son corps et la faire embaumer.
. . . .
Les côtés du thorax au dedans retirés
Retenaient les poumons un petit trop serrés.
. . . .
Il n'y eut que les reins qui selon leur office,
Ne pouvant tirer l'eau, manquaient à leur service ;
En boue étaient changés les mamelons charnus,
Et les bassins remplis de gros cailloux cornus.... »

Charles Guillemeau, médecin ordinaire, était le fils de Jacques Guillemeau, chirurgien ordinaire des rois Charles IX et Henri IV ; il fut d'abord chirurgien comme son père. En 1626 il se fit recevoir docteur et devint médecin du roi en 1630. Guy Patin en fait l'éloge ; mais Goelicke, dans son *Histoire de la chirurgie,* en latin, le traite avec moins de bienveillance, et l'accuse d'avoir écrit des livres injurieux contre Courtaud de Montpellier qui, de son côté, ne ménageait guère ses confrères de Paris. Nous avons vu quelle haine Guillemeau avait envers Héroard. Or, Courtaud était un des neveux maternels et héritiers de Jean Héroard, et c'est à la protection de son oncle qu'il a obtenu une charge de médecin par quartier à la cour. Plus tard, retiré à Montpellier et devenu doyen de cette Faculté, il fit un jour, dans un discours d'ouverture, l'éloge d'Héroard, élève de Montpellier, qui était devenu premier médecin du roi. Les médecins de Paris se trouvèrent blessés dans cette allusion rétrospective ; Jean Riolan répondit vertement ; puis, l'an suivant, Charles Guillemeau déversa sur Courtaud tout ce qu'il avait eu de haine pour Héroard. Il est assez curieux de voir les aménités que nos confrères d'alors se jetaient à la face. Guy Patin a presque trouvé son égal dans le choix des qualificatifs. Mais heureusement tout cela se disait en latin !... Aujourd'hui on s'estime sans doute davantage ou l'on y met un peu plus de formes...

Pierre Pigray était sans contredit, comme chirurgien, l'un des meilleurs choix que le souverain eût pu faire. Élève d'Ambroise Paré, il atteignit presque le niveau des connaissances de son maître et arriva promptement à la réputation et à la fortune. Chirurgien des rois Henri IV et Louis XIII, malgré ses occupations à l'armée et à la cour, il trouva cependant le loisir d'écrire deux ouvrages sur la chirurgie. Mais il mourut trois ans après l'avénement de Louis XIII.

René Chartier peut être envisagé sous deux points de vue, comme médecin et comme érudit.

Comme médecin, il eut de grands succès, car deux ans après sa réception au doctorat, il fut nommé médecin des Dames de France, c'est-à-dire des princesses Élisabeth, Christine et Henriette; l'année suivante il fut médecin du roi. Ce n'était pas une petite besogne que sa première charge à la cour, car il ne s'agissait pas seulement pour lui de soigner ses royales princesses; il devait les accompagner en Espagne, en Savoie, en Angleterre, lors de leurs mariages. En même temps il était professeur de chirurgie au collége royal, et son cours dut en souffrir. Plus délicat que quelques-uns de ses confrères et collègues d'aujourd'hui, il ne consentit pas à porter un titre dont il ne pouvait remplir la fonction et il donna sa démission. Nos aînés avaient du bon!

Guy Patin nous raconte qu'à quatre-vingt-deux ans il exerçait encore sa profession et mourut d'apoplexie étant à cheval.

A côté du médecin était l'érudit, et ici M. Littré nous rappelle René Chartier. Chartier était fanatique d'Hippocrate et de Galien : il en entreprit une édition complète avec traduction latine et s'efforça de donner au texte original toute la pureté et la précision possibles. Mais le métier d'auteur a ses épines, car René Chartier y dépensa, dit-on, cinquante mille écus. M. Littré sans doute n'a pas entamé sa fortune à sa traduction d'Hippocrate, mais je ne crois pas qu'il l'ait considérablement augmentée.

Au nombre des médecins ordinaires se trouve *Guy de La Brosse*, né à Rouen et grand-oncle de Fagon, l'un des premiers médecins de Louis XIV. La Brosse ne nous paraît avoir eu aucun service sérieux à la cour, mais il profita de sa position et de son crédit auprès de Richelieu pour fonder le Jardin des Plantes. Il commença par faire don en 1626 de terrains qui lui appartenaient, obtint les fonds nécessaires pour subvenir aux dépenses d'entretien, aux acquisitions de plantes, aux honoraires des professeurs. Le premier médecin du roi, Héroard, eut le titre de surintendant; Guy de La Brosse naturellement en fut nommé le premier intendant, titre qu'il garda jusqu'à sa mort arrivée en 1641. A part un *Traité de la peste*, tous les ouvrages de Guy de La Brosse ont rapport au jardin du roi.

Il ne faut pas oublier *Cureau de la Chambre*, dont la science était encyclopédique et qui cultivait avec un égal succès la médecine, les belles-lettres et la philosophie. Ses connaissances lui ouvrirent les portes de l'Académie française et de l'Académie des sciences dès leur fondation, et ses écrits ont eu alors un grand retentissement. Ceux qui fréquentaient l'église Sainte-Eustache avant sa dernière restauration pouvaient voir sur un pilier son inscription funéraire et son médaillon.

Jacques Cousinot termine cette liste des médecins de Louis XIII dont le nom est parvenu jusqu'à nous. Il était gendre du premier médecin Bouvard. C'est lui qui fut saigné si copieusement par ordre de son beau-père. Comme doyen de la Faculté de Paris, il fut un administrateur ordinaire ; comme écrivain il ne nous a laissé qu'un mémoire sur les eaux minérales de Forges, ce qui ne l'empêcha pas de conserver auprès de Louis XIV les fonctions qu'il remplissait auprès de Louis XIII.

J'ai fini avec cette courte revue des médecins royaux. A côté d'eux il y avait des noms bien connus. Il ne faut donc pas croire que toute la science médicale de l'époque s'était réfugiée à la cour. Molière nous fait voir que ces charges n'étaient pas sans inconvénient, puisque les malades *voulaient* être guéris. Mais sous Louis XIII et sous l'administration de Richelieu, les intrigues tenaient lieu de mérite et le Cardinal-Roi étendait partout sa puissante main. Ces places étaient donc un objet de faveur ou de trafic.

LOUIS XIV

1638-1715

Louis XIV avait 77 ans et était saturé de toutes les jouissances physiques. Depuis quatre ans, les affaires politiques allaient fort mal ; néanmoins il continuait à courir le cerf, à donner des audiences, à passer des revues.

Depuis un an cependant, sa santé déclinait; il avait beaucoup maigri. Tous les courtisans s'en apercevaient; nul n'osait le dire. Son médecin, Fagon, né comme lui en 1638, chargé de la santé royale depuis le 2 novembre 1693, paraissait seul l'ignorer. Du reste, Fagon était vieux, d'une constitution faible, qu'il ne semblait soutenir qu'artificiellement, ce qui, au dire de Fontenelle, était une preuve de son habileté. La réputation de Fagon était considérable, ses occupations nombreuses, et le soin que réclamait sa santé ont pu lui faire méconnaître ce qui était visible pour tous ceux qui approchaient le monarque. Mareschal, le premier chirurgien, crut devoir en parler à Fagon qui ne l'écouta pas. Mareschal trouvait de la fièvre, Fagon n'en trouvait pas. Le chirurgien vit Mme de Maintenon, lui fit part de ses inquiétudes ; la confiance qu'on avait en Fagon était telle qu'il ne fut pas écouté (1).

Le *vendredi 9 août* 1715, le roi était à Marly, alla courir le cerf et mena lui-même sa calèche.

Le 11, il revint à Versailles, se plaignit de douleur sciatique du côté gauche, et prit une médecine le 12.

Le 13, il ne peut marcher, se fait porter à la messe, donne ses audiences debout et mange très-bien. Du reste, l'appétit royal était considérable, et Louis XIV peut passer pour avoir été un des plus grands mangeurs de son temps.

(1) Dangeau, *Mémoires*, 1715. — Lefèvre de Fontenoy, Supplément au *Mercure galant,* octobre 1715.

Depuis longues années, le roi ne buvait que du vin de Bourgogne extrêmement vieux, coupé avec moitié eau, et ne prenait aucune liqueur, ni thé, ni café, ni chocolat. En se levant, il prenait deux tasses d'infusion de sauge et de véronique; comme il était toujours très-altéré, il buvait souvent entre ses repas beaucoup d'eau froide ou glacée, additionnée d'un peu d'eau de fleurs d'oranger. La constipation devenant de plus en plus forte, Fagon lui prescrivait beaucoup de fruits à la glace, des figues plus que mûres au commencement du repas. Au souper, pendant toute l'année, le roi mangeait une prodigieuse quantité de salade, et en 1715, il porta ce régime à l'excès. Mais l'appétit diminua un peu à la suite de ce régime débilitant.

Le *mercredi* 14 *août*, la jambe gauche est très-enflée; la douleur persiste dans la cuisse et dans la jambe. Le roi dîne et soupe, mais ne marche pas. Fagon lui fait emmaillotter les parties douloureuses dans des oreillers de plume.

15 *août*. — Mauvaise nuit; altération; dîne bien.

17 *août*. — Jusqu'à 4 heures du matin, douleur et altération; à partir de 4 heures, sommeil; dîne bien.

18 *août*. — Assez bonne nuit. Fagon couche dans la chambre du roi; moins de fièvre et d'altération.

19 *août*. — Agitation jusqu'à 3 heures du matin; de 3 à 10 heures, sommeil. Fagon ne trouve pas de fièvre; le chirurgien Mareschal en trouve.

20 *août*. — Meilleure nuit.

21 *août*. — Même état. Quatre médecins sont appelés en consultation : on prescrit au malade une purgation à la casse qui amena trois selles.

22 *août*. — Jusqu'à 3 heures du matin, insomnie et douleurs : le sommeil revient de 3 à 10 heures. Quatre autres médecins sont appelés en consultation : Gélis, Dumoulin, Falconnet fils et le médecin de La Charité. On prescrit le quinquina et le lait d'ânesse pour la nuit.

23 *août*. — Assez bonne nuit; la douleur persiste; dîne bien.

24 *août*. — Assez bonne nuit; mais la douleur de jambe augmente, ce qui n'empêche pas le roi de dîner en public et toujours d'assez bon appétit.

25 *août*. — Mauvaise nuit, douleurs vives.

26 *août*. — Nuit médiocre ; le roi sent sa fin prochaine. La douleur et l'enflure étant considérables, on pratique à 10 heures dans la jambe malade quelques mouchetures avec une lancette et des incisions profondes : on y constate de la gangrène.

27 *août*. — Affaiblissement, mouvements convulsifs, absences d'esprit ; la gangrène est limitée au-dessous de la jarretière.

28 *août*. — Comme il arrive presque toujours en pareil cas, quand les médecins ne guérissent pas les maladies incurables, on a recours aux charlatans, aux illuminés, aux empiriques. Un provençal nommé Brun, ayant appris la maladie du roi, prit le coche et vint à Versailles, promettant de guérir le malade : il était, disait-il, possesseur d'un élixir infaillible contre la gangrène. Les médecins, s'étant fait expliquer la composition de l'élixir, consentent à son emploi. Le roi en prit à midi dix gouttes dans

8

trois cuillerées de vin d'Alicante. Il y eut un mieux momentané, dû à l'action du vin généreux ; mais quelques heures après, l'état de prostration reparut. Vers 4 heures, grande contestation entre les médecins et les courtisans pour savoir si l'on continuera l'élixir. A 8 heures du soir, nouvelle dose ; pansement à 10 heures. La gangrène est stationnaire. Le pouls est toujours très-faible ; l'assoupissement et la divagation persistent.

29 *août*. — On continue les gouttes de Brun : toutes les dames de la Cour, qui sont toujours un fléau pour les médecins, portent Brun aux nues, voudraient que seul il soignât le monarque, et qu'on renvoyât les autres médecins. Vers 6 ou 7 heures du soir, le roi mange deux biscuits dans du vin. A 10 heures du soir, nouveau pansement ; la gangrène est dans tout le pied, elle a gagné le genou, et la cuisse est très-enflée.

30 *août*. — Assoupissement continuel ; la gangrène augmente : on donne au malade un peu de gelée et d'eau fraîche.

31 *août*. — Perte de connaissance, quelques rares

moments lucides : la mort a lieu le dimanche 1ᵉʳ septembre 1715, à 8 heures 1/4 du matin.

Selon une ancienne coutume, l'autopsie était faite en présence du doyen de la Faculté de médecine et d'un de ses collègues. Le doyen, J.-B. Doye, fut immédiatement averti de la mort du roi par la lettre suivante, que nous trouvons dans les *Commentaires de la Faculté de médecine* (1), et qu'il communiqua à ses collègues :

« Lorsque le Roy meurt, on est dans l'usage d'ap-
« peler le doyen et un ancien de la Faculté de mé-
« decine pour être présens à l'ouverture de son corps.
« C'est pour cela que j'ai l'honneur de vous avertir,
« Messieurs, de vous rendre icy demain, deuxiesme
« de ce mois, à 8 heures du matin. M. le marquis
« de Beringhen, premier écuyer du Roy, vous fera
« donner un carrosse qui se trouvera demain à
« 6 heures du matin, à la porte des Ecoles de méde-

(1) Tome XVIII, folio 86.

« cine, où deux chirurgiens-jurés de Paris se ren-
« dront pour venir ici avec vous.

« Je suis, Messieurs, votre très-humble et obéis-
« sant serviteur,

« Desgranges. »

Le lundi matin, 2 septembre, une voiture à six
chevaux vint à la porte de l'école de la rue de La
Bucherie, pour emmener le doyen, J.-B. Doye, son
collègue Guérin et les deux chirurgiens à Versailles (1), où l'autopsie fut faite en présence du duc
d'Elbeuf, du maréchal de Montesquiou, des deux
médecins de la faculté de Paris, des deux chirurgiens de la communauté de Saint-Côme, outre le
premier médecin Fagon et tous les chirurgiens du
roi, qui étaient : Mareschal, premier chirurgien,
Pierre Legris, François Chabaud de la Fosse, Louis
Desportes, Charles Pottier, François Ollivier,
Pierre Bresson, Jean Cavé, et Christophe Lieutaud,
chirurgiens ordinaires.

(1) *Mercure de France*, 6 octobre 1715, 2ᵉ partie, p. 101.

Procès-verbal d'autopsie de Louis XIV.

« Aujourd'huy, deuxiesme septembre de l'année 1715, nous nous sommes assemblés à 9 heures du matin, dans le château de Versailles, pour y faire l'ouverture du corps du Roy, où nous avons trouvé ce qui suit :

« A l'extérieur, tout le costé gauche nous parut gangréné, depuis l'extrémité du pied jusqu'au sommet de la tête ; l'épiderme s'enlevoit généralement par tout le corps des deux costés ; le costé droit étoit gangréné en plusieurs endroits, mais beaucoup moins que le gauche, et le ventre paroissoit extrêmement bouffi.

« A l'ouverture du bas-ventre, les intestins se sont trouvés altérés avec quelques marques d'inflammation, principalement ceux qui étoient situés au costé gauche et les gros intestins prodigieusement dilatés.

« Les reins étoient assis dans leur état naturel ; on a trouvé seulement dans le gauche une petite pierre de pareille grosseur à celle qu'il a rendue par les urines plusieurs fois pendant la vie, sans aucun signe seulement de douleur.

« Le foie, la rate, l'estomac, la vessie étoient absolument sains et dans leur état naturel, tant en dedans qu'au dehors.

« A l'ouverture de la poitrine, nous avons trouvé les poumons sains, aussi bien que le cœur dont les extrémités des vaisseaux et quelques valvules étoient osseuses; mais tous les muscles de la gorge étoient gangrénés.

« A l'ouverture de la teste, toute la dure-mère s'est trouvée adhérente au crâne et la pie-mère avoit deux ou trois taches purulentes le long de la faux; du reste, le cerveau étoit dans l'état naturel tant en dedans qu'au dehors.

« La cuisse gauche, dans l'intérieur, s'est trouvée gangrénée, aussi bien que les muscles du bas-ventre, et cette gangrène montoit jusqu'à la gorge. Le sang et la lymphe étoient dans une entière dissolution, universellement dans les vaisseaux (1). »

(1) Commentaires de la Faculté de médecine de Paris, tome XVIII, folio 86.

D'après cette observation complète et détaillée, et d'après l'autopsie, il est avéré que Louis XIV a succombé à une gangrène : c'était du reste l'opinion des médecins qui lui donnaient des soins. Nous pouvons nous demander aujourd'hui quelle était la nature de cette gangrène.

Était-ce une gangrène sénile due à une embolie? Était-ce une gangrène de nature diabétique?

Quant au mode pathogénique de la gangrène, il est impossible de se prononcer, l'identité étant complète entre la gangrène sénile et la gangrène diabétique : toutes deux résultent d'une oblitération artérielle. Et nous trouvons, en effet, dans le procès-verbal d'autopsie, que les « extrémités des vaisseaux et quelques valvules étaient osseuses : » il y avait donc une lésion artérielle, car il est impossible qu'il s'agisse des valvules des veines. Et ces ossifications n'ont d'ailleurs rien qui doive nous surprendre, quand nous songeons aux nombreuses attaques de goutte qu'avait eues le roi et à la gravelle qu'il rendait quelquefois (1).

(1) *Journal de la santé du roi*, Manuscrits de Vallot, D'A-

Y avait-il diabète? La preuve caractéristique nous fait défaut : nous ne trouvons nulle part l'indication de la polyurie, et par conséquent, nous n'avons aucune preuve de la présence du sucre dans les urines de Louis XIV. D'ailleurs, c'est en 1775 que Pool et Dobson entrevirent les premiers la présence du sucre dans les urines, mais ce n'est qu'en 1778 que Cawley la démontra péremptoirement. Nous n'avons comme phénomènes symptomatiques que les suivants qui peuvent cependant être pris en très-sérieuse considération :

L'altération excessive,

La boulimie,

La constipation,

L'amaigrissement,

La névralgie (sciatique),

La gangrène.

---

quin, Fagon, conservés à la bibliotnèque nationale et publiés par Le Roi. Ces manuscrits qui commencent en 1647, s'arrêtent en 1711, et constituent deux gros volumes in-folio reliés en veau fauve, fleurdelisé d'or, numéros 6998, 6999. — Daremberg, *Louis XIV, ses médecins, son tempérament, son caractère et ses maladies*, dans *Histoire et Doctrine*, Paris, 1865.

Quoiqu'il soit difficile de se prononcer avec cer-
titude, on peut cependant incliner vers la nature
diabétique de la gangrène à laquelle a succombé
Louis XIV.

L'autopsie fut suivie à Versailles d'un repas auquel furent invités le doyen J.-B. Doye et son collègue Guérin; mais on n'admit pas les deux chirurgiens, qui, dit le doyen, *in aliquam, ut reor,
propinam ad sese reficiendum recepere.*

Les médecins furent ensuite reconduits en voiture
à Paris, *neglectis iterum chirurgis, ac si non fuis-
sent accisi.*

Le 3 septembre, les entrailles royales furent portées à Notre-Dame de Paris, par l'abbé de Froulay,
aumônier du roi.

Le 6, le cœur fut porté à la maison professe des
jésuites de la rue Saint-Antoine, par le cardinal de
Rohan.

Le 9 au soir, le convoi quitta Versailles et gagna
la plaine Saint-Denis par des chemins détournés.

Ainsi disparut celui qui, pendant soixante-douze

ans, avait occupé sous des phases diverses l'un des plus beaux trônes du monde.

Soixante-dix-huit ans après, le lundi 14 octobre 1793, vers les 3 heures de l'après-midi, la tombe de Louis XIV fut violée par les révolutionnaires d'alors.

On trouva le corps momifié et bien conservé, la peau noire comme de l'encre. Un lit de chaux vive détruisit dans le cimetière de Saint-Denis tout ce qui restait du corps de celui qu'on appelait le *Grand Roi*.

LOUIS XV

1710-1774

La Dubarry avait 31 ans et régnait depuis 1769 dans le cœur du roi, qui avait fini par l'installer à Trianon. Il lui faisait de nombreuses visites et malgré ses 64 ans, il oubliait près d'elle les soucis du royaume.

Le mercredi 27 avril 1774, Louis XV, qui était depuis la veille à Trianon, éprouva quelques douleurs de tête, des frissons, de la courbature. Malgré cela, il partit en voiture pour la chasse; mais ne pouvant monter à cheval, il resta en carrosse, rentra à Trianon à 5 heures et demie et s'enferma chez la Dubarry, où il prit quelques lavements. Il n'é-

prouva aucun soulagement, fit diète et se coucha.
Les douleurs furent plus vives la nuit, les maux
de reins augmentèrent. On alla chercher Lemonnier, médecin du roi, qui constata de la fièvre. La
Dubarry fut également éveillée, et le médecin et la
favorite, qui connaissaient la pusillanimité du roi,
crurent qu'il exagérait son mal.

Le jeudi 28 avril, à 3 heures de l'après-midi, on
ne savait rien au dehors; on croyait seulement le
roi incommodé. Il resta chez sa maîtresse; mais
Lemonnier, quoique ne voyant qu'une simple indi-
gestion, voulait le faire revenir à Versailles. Le médecin Lamartinière, moins courtisan et plus brusque
que Lemonnier, intervint et, malgré la Dubarry, il
fut décidé que Louis XV serait ramené à Versailles.
A 4 heures, le malade fut porté dans son carrosse.
Il se plaignait toujours de céphalalgie, de douleurs
lombaires et de nausées.

La nuit du 28 au 29 avril, la fièvre augmenta,
la céphalalgie fut plus forte. Lemonnier et Lamartinière le firent saigner à huit heures du matin. En

même temps on appela en consultation Lorry, Bordeu, puis Lassone. La fièvre persistait.

Arrivés de Paris à midi, Lorry, Bordeu, Lassone voient le roi en consultation avec ses deux médecins. Ils ne reconnaissent pas les symptômes précurseurs et disent au monarque qu'il a une fièvre catarrheuse. Toutefois ils décident qu'une seconde saignée sera faite à 9 heures et demie et peut-être une troisième pour la nuit, dans le cas où il n'y aurait pas d'amélioration. Le roi en fut effrayé, à cause de ce proverbe « qu'une troisième saignée appelle les sacrements. » D'ailleurs il était très-pusillanime.

Bordeu et Lorry hésitent sur la troisième saignée : Lemonnier est de leur avis. Lassone et Lieutaud attendent pour se prononcer sur son opportunité que l'effet de la deuxième soit produit. Quant aux chirurgiens, ils ne donnèrent pas leur opinion et la deuxième saignée fut pratiquée, mais très-abondante — quatre grandes palettes, environ 400 grammes. Le malade eut peur et demanda du vinaigre pour éviter une syncope. Le mal de tête persistait.

La favorite avait accompagné le malade et s'était installée près de lui au château de Versailles.

A 5 heures, le roi fit demander ses petits-enfants qui étaient le Dauphin, plus tard Louis XVI, le Comte de Provence, plus tard Louis XVIII, le Comte d'Artois, plus tard Charles X, et ses filles les princesses Adélaïde, Victoire et Sophie.

Ce qu'on appelait alors la *Faculté* se réunit en consultation. C'étaient les six médecins, Lemonnier, Lamartinière, Lassone, Lorry, Bordeu et de Lassaigne ; les cinq Chirurgiens : Andouillé, Boiscaillaud, Lamarque et Colon, et les trois apothicaires, dont le premier était Forgeot.

Médecins, chirurgiens, apothicaires tâtaient six fois par heure le pouls du malade, qui voulait toujours avoir un médecin près de lui.

Les symptômes persistent : la lumière est gênante, l'accablement continue. Malgré ces phènomènes, ils croient toujours avoir affaire à une fièvre humorale qu'ils craignent de voir dégénérer en fièvre maligne. Ils commencent à devenir inquiets, ne font pas la troisième saignée et prescrivent un lavement qui fut administré d'une façon assez grotesque par le premier apothicaire lui-même.

Le samedi 30 avril, à 10 heures du soir, par conséquent le quatrième jour après le début de la maladie, le malade se plaignait de douleurs plus vives, de pesanteurs, était affaissé. Tout à coup, en l'examinant avec une lumière, on aperçoit de petites rougeurs sur le visage. Les médecins se regardent étonnés : nul n'avait prévu ni soupçonné la maladie; c'était la variole.

Bordeu redoute l'issue de la maladie : il fait part de ses craintes à la Dubarry; mais le dira-t-on au Roi? Les avis sont partagés; on ne dira rien, on attendra.

Toutefois l'affaissement continue ; les douleurs de tête sont sourdes, l'agitation excessive se mêle à l'abattement. Le malade ne parle pas, il a les yeux hagards, une fièvre considérable et des bouffées de chaleur.

Où avait-il pris le germe de cette variole?

Le 16 octobre 1728, Louis XV avait été déjà affecté d'une variole bénigne qui guérit en peu de jours et ne laissa aucune trace sur son visage. En 1774, il n'y avait à Versailles ni dans les environs aucune épidémie de variole. Cependant les contemporains racontent que le Roi étant en chasse rencontra le convoi d'une personne morte de variole et qu'il en fut très-impressionné (1) : mais il n'y a pas là les preuves scientifiques de contagion. On parle aussi d'une nuit de débauche passée avec une jeune fille de 13 à 14 ans, qui était à la période d'incubation d'une variole à laquelle elle succomba. Mais ce sont là des allégations sans preuves authentiques. Notre rôle doit se borner à la constatation d'une variole con-fluente dont nous ne pouvons déterminer l'origine.

Le dimanche 1er mai, les médecins se réunissent en consultation et prescrivent des vésicatoires. Le duc d'Orléans, les princes de Condé et de Penthièvre restent près du Roi.

La nuit du dimanche au lundi 2 mai est mau-

---

(1) Voltaire, *De la mort du Roi Louis XV et de la fatalité*, vol. xxii, p. 341, Ed. Hachette. — Larochefoucauld-Liancourt, *Relation inédite de la dernière maladie de Louis XV*, pièce in-8, Bibl. nat. Lb 38, 1583. — Voir aussi, *notes* du baron de Besenval.

vaise. Le matin Bordeu dit à la Dubarry que la maladie prend une mauvaise tournure et, prévoyant les désagréments qu'éprouvera la favorite, il l'engage fortement à quitter le Roi, si elle veut éviter un renvoi scandaleux.

Dans la nuit du 2 au 3 mai, il y eut du délire. Le soir, le malade était très-abattu : la journée avait été pénible pour lui, car on avait obtenu qu'il renverrait sa favorite, ce qu'il fit en effet.

Le jeudi 5 mai, les médecins reconnaissent l'état presque désespéré. Bordeu déclare que le Roi ne jouit plus de toutes ses facultés intellectuelles.

Dans la nuit du 5 au 6 mai, la raison revint un peu. Le malade fit appeler son confesseur l'abbé Mandoux (ou Mondou).

Le vendredi 6, l'infection exhalée par la suppuration des pustules était telle que plusieurs personnes en furent incommodées; d'autres y contractèrent la variole.

Le samedi 7 mai, on publiait le Bulletin suivant (1) :

(1) Bibl. nat. — Réserve, pièce. — Lb 38, 1582.

Quoique l'état du Roi n'ait empiré en rien, SA MA-JESTÉ, de son propre mouvement, a demandé à recevoir ses sacremens et les a reçus à sept heures.

BULLETIN DE LA MALADIE DU ROI.

De Versailles le 7 mai, à 8 heures et demie du matin.

Le redoublement de la nuit a été moins fort et moins long que celui de la nuit précédente. Il y a eu quelques intervalles de bon sommeil. La suppuration étend ses progrès sur tout le corps, tandis que les pustules du visage continuent à se dessécher. Les urines sont bonnes. Les vésicatoires vont toujours bien.

Signé : Lemonnier, Lassone, Lorry, Bordeu, Lamartinière, Andouillé, Boiscaillaud, Lamarque, Colon.

Le lundi 9 mai, le roi a du délire, de l'agitation ; il rejette draps et couvertures.

Du 9 au 10, la nuit fut plus calme.

Le mardi 10 l'agonie commença : le malade poussa des cris vers une heure et s'affaissa, la respiration devint plus lente, les yeux restèrent fixes, il y eut de la rigidité des bras et des mains. A 2 heures de l'après-midi, Louis XV rendit le dernier soupir, après quatorze jours de maladie.

Le mercredi 11 mai, le lendemain de la mort du

roi, Lethieullier, doyen de l'école de Paris, écrivit la lettre suivante à Lemonnier, premier médecin du monarque.

« Monsieur, la mort du roi a occasionné une « assemblée extraordinaire de l'Université, qui a été « tenue ce matin : on y a fait lecture de ce qui s'étoit « observé lors de celle de Louis XIV ; les registres « font mention expresse de l'ouverture du corps du « monarque dans les plus grands détails, et consta- « tent que M. J. B. Doye, doyen de la Faculté, avoit « été mandé avec un ancien, pour assister à cette « ouverture et signer le procès-verbal.

« J'ai consulté aussitôt les registres de notre fa- « culté, dont je vous envoie l'extrait, je craindrois « d'être accusé de négligence par la compagnie, si je « vous laissois ignorer ce qui a été pratiqué en 1715 « et si je manquois une occasion de jouir pour elle « d'une prérogative qui paroît être accordée à la place « dont je suis honoré ou du moins qui lui a été « décernée dans le temps.

« Je crois, monsieur, connoissant votre zèle pour

« la Faculté, que vous approuverez le mien à vous
« instruire d'un usage que la lecture de la lettre
« écrite par M. Desgranges vous confirmera.

> « J'ai l'honneur, etc.

> > Signé : Lethieullier. »

Lethieullier revendiquait les droits ou les coutu-
mes de la Faculté, mais il comptait sans les circons-
tances toutes particulières de la mort du Roi. L'o-
deur qu'exhalait le corps était telle, l'épouvante
était si grande que le vide se fit autour des restes du
monarque. Les mémoires du temps racontent cependant que le premier gentilhomme de la chambre
demanda à Lamartinière pourquoi on ne procédait
pas à l'autopsie. « Monsieur le Duc, répondit Lamartinière avec sa brusquerie ordinaire, votre charge
vous oblige à tenir la tête du cadavre ; je vous déclare que s'il est ouvert, ni vous, ni moi, ni aucun
de ceux qui y auront assisté ne serons vivants dans
huit jours. » Le duc n'insista pas.

Lemonnier de son côté écrivit à Lethieullier en
réponse à sa lettre :

« Monsieur le Doyen,

« M. Bordeu, notre confrère, m'a parlé hier de
« l'usage que j'ignorois d'appeler M. le Doyen de la
« Faculté et un adjoint à l'ouverture du corps des
« rois de France. Nous n'aurions pas manqué de
« maintenir les droits de la Faculté, si la triste céré-
« monie avoit eu lieu ; mais vu le genre de maladie
« dont Sa Majesté est décédée, on se contentera
« simplement d'ensevelir le corps dans un taffetas
« ciré bien garni de poudres aromatiques ; on achè-
« vera d'en remplir le cercueil de plomb. C'est ainsi
« que l'apothicaire du roi vient de me dire que cela
« se pratiquera ce soir à 5 heures.

« J'ai l'honneur, etc.

Signé : Lemonnier. » (1)

L'ensevelissement eut lieu, comme l'apothicaire
Forgeot l'avait dit : on y ajouta beaucoup de sel
marin pour retarder la putréfaction du cadavre et à

(1) Comment. de la Faculté de Méd. de Paris. T. XVIII.

8 heures du soir, le cercueil mis dans un carrosse partit avec une faible escorte pour Saint-Denis où il arriva à 11 heures. On le plaça à l'entrée du caveau des Bourbons, sur les marches, à droite et un peu de côté, dans une sorte de niche, pratiquée dans l'épaisseur du mur. C'est là que, selon les probabilités, il devait rester en attendant l'arrivée de son successeur Louis XVI. Les événements ne le permirent pas, et le mercredi 16 octobre 1793, le même jour que Marie-Antoinette montait sur l'échafaud, on fit l'exhumation du cadavre. Par précaution, on porta le cercueil dans le cimetière et on en fit l'ouverture sur le bord de la fosse où l'on avait préparé un lit de chaux vive. Le corps était enveloppé de bandelettes, tout entier, frais, et bien conservé ; la peau était blanche, le nez violet, les fesses rouges comme celles d'un enfant nouveau-né et nageant dans une eau abondante formée par la dissolution du sel marin. Selon l'expression pittoresque d'Alexandre Lenoir, qui assistait à l'exhumation et à qui nous devons la conservation d'une grande partie de nos monuments religieux, on trouva le corps *mari-*

nant dans sa saumure. Il fut jeté dans la fosse et recouvert d'une nouvelle couche de chaux vive et de terre (1).

Louis XV est le seul roi qui soit mort de la variole. La frayeur fut grande à la Cour et deux mois après, le 20 juillet 1774, Lassone lisait à l'Académie des Sciences le rapport des inoculations faites par lui à la famille royale, au château de Marly.

(1) Georges d'Heilly. — *Extraction des cercueils royaux à St-Denis*, p. 106.

LOUIS XVI

1754-1793

La mort tragique de Louis XVI ne prend place ici que pour terminer cette série de morts royales.

Né à Versailles le 29 août 1754 de Louis, Dauphin, et de Marie Josèphe de Saxe, il périt sur l'échafaud le lundi 21 janvier 1793, à l'âge de 39 ans.

C'est au Moniteur de l'an II de la République Française que nous emprunterons les détails qui suivent :

Procès verbal de la Convention nationale des 15, 17, 19 et 20 janvier 1793, l'an II de la République Française.

Art. Iᵉʳ. La Convention nationale déclare Louis Capet, dernier roi des Français, coupable de conspiration contre la liberté de la nation et d'attentat contre la sûreté générale de l'Etat;

II. La Convention nationale décrète que Louis Capet subira la peine de mort;

III. La Convention nationale déclare nul l'acte de Louis Capet apporté à la barre par ses conseils qualifié d'*Appel à la nation du jugement contre lui rendu par la Convention;* défend à qui que ce soit de donner aucune suite, à peine d'être poursuivi et puni comme coupable d'attentat contre la sûreté générale de l'Etat;

IV. Le Conseil exécutif provisoire notifiera le présent dans le jour à Louis Capet et prendra les mesures de police et de sûreté nécessaires pour en assurer l'exécution dans les vingt-quatre heures, à compter de la notification, et rendra compte à la Convention nationale immédiatement après qu'il aura été exécuté.

Proclamation du conseil exécutif provisoire du 20 janvier.

Le Conseil exécutif provisoire, délibérant sur les mesures à prendre pour l'exécution des décrets de la Convention nationale des 15, 17, 19 et 20 janvier 1793, arrête les dispositions suivantes :

1° L'exécution du jugement de Louis Capet se fera demain lundi 21 ;

2° Le lieu de l'exécution sera la place de la Révolution, ci-devant Louis XV, entre le piédestal et les Champs-Elysées ;

3° Louis Capet partira du Temple à 8 heures du matin, de manière que l'exécution puisse être faite à midi ;

4° Des commissaires du Département de Paris, des commissaires de la municipalité, deux membres du tribunal criminel assisteront à l'exécution. Le secrétaire greffier de ce tribunal en dressera procès-verbal; et les dits commissaires et membres du tribunal aussitôt après l'exécution consommée viendront en rendre compte au conseil, lequel restera en séance permanente pendant toute cette journée.

749 députés prirent part au vote, ainsi qu'il suit :

Pour la mort sans condition. 387
Pour la détention ou la mort condition-
nelle 334
Absents et non votants. 28
                                         ———
                                         749

Dans le Moniteur du mercredi 23 janvier, on lit :

« Louis a traversé à pied la première cour : dans la deuxième il est monté dans une voiture où étaient son confesseur et deux officiers de gendarmerie (l'exécuteur l'attendait à la place de la Révolution). Le cortége a suivi les boulevards jusqu'au lieu du supplice : le plus grand silence régnait le long du chemin, Louis lisait les prières des agonisans : il est arrivé à 10 heures 11 minutes à la place de la Révolution; il s'est déshabillé, est monté d'un pas assuré et se portant vers l'extrémité gauche de l'échafaud, il a dit d'une voix assez ferme :

« *Français, je meurs innocent : je pardonne à tous mes ennemis et souhaite que ma mort soit utile au peuple.* Il paraissait vouloir parler encore, le commandant général ordonna à l'exécuteur de faire son devoir.

« La tête de Louis est tombée à 10 heures 20 minutes du matin. Elle a été montrée au peuple. Aussitôt mille cris *vive la nation! vive la République française!* se sont fait entendre. Le cadavre a été transporté sur-le-champ et déposé dans l'église de la Magdelaine où il a été inhumé entre les personnes qui périrent le jour de son mariage et les Suisses qui furent massacrés le 10 août. La fosse avait douze pieds de profondeur et six de largeur; elle a été remplie de chaux. »

FIN.

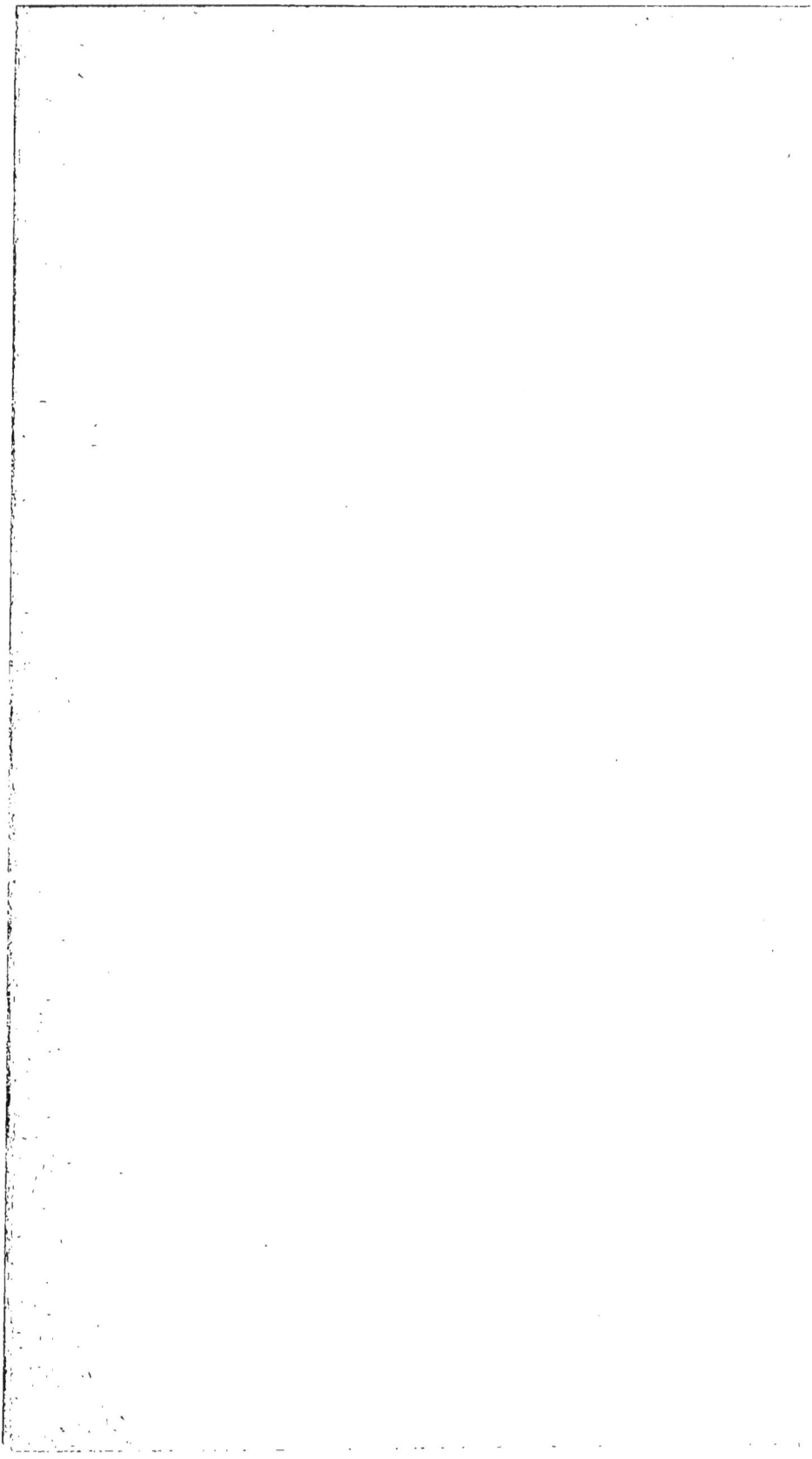

APPENDICE

Si, après avoir étudié ces morts *royales*, nous voulons rester, comme médecin, au milieu de cette Cour nombreuse, nous assistons à une série de morts *princières* qui ne laissent point que de nous étonner.

Louis XIV aima un peu — régulièrement, et beaucoup — irrégulièrement; et, parmi ses nombreux descendants de la main droite et de la main gauche, la mort a frappé à l'aveugle et à coups précipités.

Elle commença par son fils, le *Grand Dauphin*.

Les mémoires du temps racontent qu'au milieu des champs, le Grand Dauphin rencontra un prêtre qui portait le viatique à une jeune fille atteinte de variole; d'autres le font entrer par hasard dans la maison où était cette jeune fille. Bien qu'il eût eu déjà une varioloïde dans son enfance, il en fut tellement impressionné qu'en rentrant le soir à Meudon, il fit part de ses craintes à Boudin, son premier médecin. Le lendemain, il se trouve faible, garde le lit. Le surlendemain, l'état est plus grave, on ne sait ce qui va se déclarer. Néanmoins Fagon, l'oracle de la Cour, trouve que tout est pour le mieux. Boudin, peu rassuré au fond, propose d'appeler des confrères de Paris, car il craint un *venin;* Fagon se fâche. Cependant l'état du malade empire d'heure en heure; le Roi soupe, on ne veut pas le déranger. Mais à peine est-il sorti de table qu'il apprend de Fagon lui-même qu'il n'y a plus d'espoir, que le Grand Dauphin est perdu.

Cette mort, quoique foudroyante, est restée inexpliquée et les mémoires du temps sont muets sur les détails qui nous intéresseraient.

C'était le 14 avril 1711; le Grand Dauphin avait 5o ans.

Le Grand Dauphin de son côté ne fut pas plus heureux avec ses enfants, Louis *Duc de Bourgogne* et Charles *Duc de Berry.* Quant au Duc d'Anjou, il alla mourir triste et mélancolique en Espagne où il avait régné sous le nom de Philippe V.

La mort rapide du Duc de Bourgogne et de sa jeune épouse ont donné lieu à bien des commentaires et aujourd'hui encore l'opinion publique n'est pas complétement fixée à cet égard.

Marie-Adélaïde, fille du Roi de Sardaigne, *Duchesse de Bourgogne*, était âgée de 26 ans et fort aimée à la Cour. Le 18 janvier 1712, elle est souffrante et garde le lit, pour une fluxion qu'elle avait à la face. Le 19, un frisson violent se manifeste. Le 20, la fluxion est moins forte, mais la fièvre est plus intense. Le 22 janvier, vers 6 heures, se déclare une douleur atroce à la région temporale, douleur qui dure deux jours consécutifs et est suivie d'assoupissement. Le soir, redoublement de douleurs et de sueurs, nuit mauvaise; la douleur reprend plus violente à l'entrée de la nuit suivante et s'aggrave pendant la journée. Alors apparaissent des taches livides violacées, auxquelles on semble avoir attaché peu d'importance, si nous en jugeons d'après le traitement qui a été mis en usage. La jeune princesse succombe vers 6 heures du soir.

Contre de semblables phénomènes qu'ont fait les médecins? Voltaire (1) nous parle d'une rougeole pourprée épidémique qui sévissait alors avec beaucoup d'intensité et qui aurait fait périr à Paris plus de 500 personnes en un mois. Les symptômes ainsi que le traitement qui fut institué ne nous permettent guère de nous en rapporter à ce que dit Voltaire. En effet, les mémoires contemporains nous

(1 Voltaire, *Siècle de Louis XIV*, ch. 27.

disent que les médecins furent très-perplexes. Le frisson initial, la fièvre, les douleurs névralgiques, les redoublements périodiques n'éveillèrent en rien leur attention. Que firent-ils? Deux saignées du bras, une du pied, ils prescrivirent l'émétique, et naturellement ce traitement fut sans effet. Pour cacher leur embarras ou leur ignorance, ils parlèrent vaguement de *venin*, de poison. Nul d'entre eux ne fut frappé de l'intermittence des symptômes; nul ne soupçonna une *fièvre pernicieuse à forme pétéchiale*, une fièvre larvée; nul ne songea au quinquina qui avait déjà guéri Louis XIV lui-même d'une fièvre intermittente rebelle. On sait que le Roi reconnaissant avait acheté le secret 48,000 livres à l'empirique anglais, lui avait fait une pension viagère de 2,000 livres et l'avait nommé chevalier (1679, 1682).

Quelques jours après la mort de la jeune Dauphine, le *Duc de Bourgogne* tomba malade à son tour. La frayeur était grande à la Cour. Il fait appeler Boudin et lui déclare qu'il est atteint mortellement. Il se sent, dit-il, brûlé dans son intérieur; la fièvre est peu prononcée, le pouls est « enfoncé, extraordinaire, très-menaçant, trompeur. » Nous ne savons ce que Boudin entendait par cette variété de pouls. Bientôt apparaissent des taches livides, comme celles qu'on observa chez sa jeune épouse, la Dauphine; puis la tête se prend. Même embarras chez les médecins; ils n'y comprennent plus rien.

« *Nous n'entendons rien à de pareilles maladies,* » s'écrie Boudin. On ne songea pas davantage à des symptômes pernicieux, mais on parla encore de poison, moyen simple de cacher son ignorance, et le malade mourut le 18 février 1712, à l'âge de 30 ans.

Cette fois le Roi demanda que l'autopsie fût faite et ce fut le chirurgien Mareschal, dont la loyauté et la franchise étaient connues, qui en fut chargé. On trouva « *le cœur ramolli, les organes en bouillie et d'une diffluence remarquable,* » à l'exception du cerveau et des annexes qui étaient intacts. Cette autopsie est bien incomplète, et malgré tout le désir qu'avaient Fagon et Boudin de trouver du poison, on n'en trouva nulle trace, mais alors on dit qu'il était tellement subtil qu'on n'avait pu le rencontrer. Or, ce ramollissement s'observe fréquemment dans les fièvres pernicieuses ; il est presque un signe caractéristique. Mareschal seul protesta énergiquement contre ces accusations calomnieuses.

Mais s'il y avait un empoisonnement, il y avait un coupable et le coupable devait être intéressé à la mort des héritiers directs de la couronne.

Tous les soupçons se portèrent alors sur Philippe d'Orléans, neveu de Louis XIV.

Philippe d'Orléans, à la suite d'intrigues, avait été écarté de l'armée et de la Cour. Pour se distraire, il s'occupait de chimie avec Homberg et faisait des expériences dans son laboratoire. Il n'en fallait pas plus pour faire planer sur lui des soup-

çons criminels. Fort de sa conscience et de l'ap-
pui de l'honnête Mareschal, Philippe demanda lui-
même à être mis en jugement ; mais le Roi s'y
refusa, repoussant hautement de semblables impu-
tations.

La même année on conduisait à Saint-Denis le
jeune fils du Duc de Bourgoge, le *Duc de Bretagne*,
qui suivait son père et sa mère dans la tombe, laissant à son frère Louis l'héritage de la couronne de
Louis XIV.

Deux ans après, le 4 mai 17;4, Charles *Duc de
Berry* mourait à l'âge de 28 ans, laissant encore
planer sur sa mort des soupçons d'empoisonnement.
Un jour il se plaint d'une fièvre qui dure toute la
nuit : il veut se lever le matin, mais est pris de frissons. Il se remet au lit et on le saigne. Le sang paraît mauvais, sans que les chirurgiens disent en
quoi ils le trouvent mauvais. Puis surviennent des
vomissements noirâtres : est-ce du sang? est-ce du
chocolat? on ne se prononce pas. Le lendemain,
nouvelle saignée au pied, puis émétique et manne.
Avec un traitement aussi fantaisiste, on n'observe
pas d'amélioration. On revient à la saignée du bras;
en somme on ne sait ni ce qu'on fait ni ce qu'on
doit faire. Les vomissements reparaissent, on croit
y reconnaître du sang et on donne l'eau de Rabel,
ce qui n'empêche pas le jeune prince de rendre le
dernier soupir, après quelques jours de maladie.

On revint encore à l'idée du poison. Mais ici se présente un antécédent qui jette quelque jour sur cette fin prématurée.

Le jeune Duc de Berry étant en chasse avait fait une chute dans laquelle l'épigastre avait été violemment frappé contre le pommeau de la selle; depuis lors il avait souvent craché le sang. C'est là un fait qui a une importance considérable. Le Duc n'avait osé l'avouer au Roi et les médecins n'en furent pas informés.

Les trois fils illégitimes que Louis XIV eut avec mademoiselle De La Vallière moururent jeunes ou sans postérité.

Avec madame de Montespan, Louis XIV eut huit enfants, le Duc du Maine, le Comte du Vexin, le Comte de Toulouse, mesdemoiselles de Nantes, de Tours, de Blois, et deux enfants morts jeunes.

Cette nombreuse postérité s'est éteinte le 27 juillet 1830, dans la personne du Duc de Bourbon, dernier descendant des princes de Condé, dont un membre, le petit-fils du Grand Condé, avait épousé mademoiselle de Nantes.

L'enfant que Louis XIV eut avec mademoiselle de Fontange est mort à la fleur de l'âge.

La branche légitime, après des soubresauts divers, s'arrête à Henri-Charles-Ferdinand-Marie-Dieudonné, Comte de Chambord, sans postérité.

La branche illégitime de Louis XIV se termine tristement, mystérieusement, en 1830, au crochet d'une espagnolette à Chantilly.

———

J'ai étudié ces morts royales et princières en médecin, faisant abstraction de toute idée préconçue, de toute passion politique. J'ai interrogé les faits, j'ai cherché à dissiper quelques erreurs, à éclairer quelques points obscurs.

Pour le médecin, elles constituent quelques pages d'histoire médicale rétrospective qui lui rappellent l'état de la science à cette époque.

A un point de vue plus élevé, ces événements parlent assez haut par eux-mêmes et ils sont un grand enseignement pour l'historien comme pour le politique et pour le philosophe.

TABLE DES MATIÈRES

FIN DE LA TABLE DES MATIÈRES.

COULOMMIERS. — TYP. A. MOUSSIN